Dr. med. Maurice Rawlings
Jenseits der Todeslinie

Dr. med. Maurice Rawlings

Jenseits der Todeslinie

Schon zu allen Zeiten ergingen sich Menschen in Mutmaßungen über das Leben nach dem Tod. Die modernen Wiederbelebungsmaßnahmen ermöglichen uns einen Einblick in diese aufregende Welt.

Verlag Christliche Buchhandlung
CH 5400 Baden

Aus dem Amerikanischen übersetzt von Hermann Appel.
Umschlaggestaltung: Karl-Heinz Schablowski
Originaltitel: Maurice S. Rawlings, Beyond Death's Door

Alle Bibelstellen wurden, wenn nicht anders vermerkt,
der Lutherbibel von 1956/1964 entnommen.

© der deutschen Ausgabe Verlag Christliche Buchhandlung CBB
Rathausgasse 8, CH-5401 Baden
Tel. CH-(056) 2 22 36 10 / D-(0041) 5 62 22 36 10
Fax CH-(056) 2 22 87 70 / D-(0041) 5 62 22 87 70
1.–3. Tausend
Alle Rechte der Verbreitung, auch auszugsweise, vorbehalten.
Gesamtherstellung: Ebner Ulm
ISBN 3-85614-014-X

Inhaltsverzeichnis

Dank und Anerkennung	7
Zur Einführung	9
1. Zur Hölle und zurück	15
2. Ins Leben zurück	27
3. Daran könnten sie sterben	41
4. Der Tod in der menschlichen Vorstellung	53
5. Merkwürdige Begegnungen	73
6. Auffahrt zum »Himmel«	97
7. Abstieg zur »Hölle«	129
8. Der Umgang mit Sterbenden	155
9. Was ist das Wichtigste?	175
10. Wie kann ich sicher sein?	193

Wichtige Hinweise des Herausgebers

Mit großer Freude legen wir Ihnen Dr. Rawlings Buch in die Hände. In den vergangenen Jahren ist viel zu diesem Thema geschrieben worden; das meiste aber von Autoren, die nicht auf dem Boden der Bibel stehen. Darum können solche Bücher auch Verwirrung anrichten.

Einige dieser Schriften sind in Dr. Rawlings Buch zitiert und aufgeführt, nicht als Lese-Empfehlung, sondern weil sich der Verfasser kritisch mit ihnen auseinandersetzt. Darum kann seine Betrachtung gerade auch denkenden Lesern in die Hand gedrückt werden. Dr. Rawlings zeigt, wo sich die biblische Betrachtungsweise von der Allversöhnungstheorie, die vor allem in spiritistischen Kreisen anzutreffen ist, deutlich unterscheidet. Diese Unterschiede sind auch den Schriften von Kübler-Ross, Moody etc. gegenüber festgehalten.

Besonders wertvoll ist, daß Dr. Rawlings als Arzt schreibt, der in seiner langjährigen Praxis entdeckt hat, weshalb solche Fehlurteile scheinbare Bestätigung finden. Sie werden mit Spannung lesen, warum er als Herzspezialist zu anderen – biblischen! – Schlußfolgerungen kommt.

Der Verlag

Dank und Anerkennung

Ich möchte all denen meinen Dank ausdrücken, die dazu beigetragen haben, daß dieses Buch geschrieben werden konnte. Die Todeserlebnisse, von denen hier berichtet wird, wurden nicht ausgewählt, um einer bestimmten Glaubensrichtung oder Philosophie Vorschub zu leisten; insoweit es sich hier um biblische oder historische Angelegenheiten handelte, holte ich in diesen Bereichen die Meinung von Fachleuten ein.

Ich möchte ganz besonders Pastor Matthew McGowan, dem Geistlichen der Central Presbyterian Church in Chattanooga, für seine inspirierenden Predigten und seine beständige Ermutigung zur Erstellung dieses Buches danken. Ebenso inspiriert wurde ich von Pastor Ben Haden von der First Presbyterian Church, der mir durch seine Kritik und individuelle Anleitung bei der Zusammenstellung und schriftlichen Fassung dieser Botschaft behilflich war. Hinsichtlich der Zielrichtung, des Inhalts und der Anwendung aus biblischer Sicht wurde das Buch von Kay Arthur und ihren Mitarbeitern bei der „Reach-Out-Inc." in Chattanooga begutachtet. Die Produktion wurde durch Peter Gillquist vom Thomas-Nelson-Verlag geduldig überwacht.

Meinen aufrichtigen Dank möchte ich Dr. Bert Bach, dem Dekan für Wissenschaften an der Universität von Tennessee in Chattanooga, ausdrücken für seine beharrlichen Anstrengungen bei der stilistischen und grammatikalischen Korrektur und sein historisches Wissen. Die moralische Unterstützung und die professionelle Niederschrift meiner Sekretärin im Diagnostischen Zentrum, Mrs. Ella McMinn, schätze ich besonders, wie auch die Unterstützung ihrer enthusiastischen jungen Mitarbeiterin Mrs. Toni Chappell. Literarische Unterstützung erhielt ich durch das Archiv der Chattanooga's Bicentennial Library. Ohne diese Menschen und ohne die Geduld meiner Familie wäre dieses Buch nicht möglich geworden.

Dr. med. Maurice S. Rawlings
Diagnostisches Zentrum
Chattanooga, Tennessee, USA
im März 1978

Zur Einführung

Was ist Ihnen wichtiger als Ihr eigenes Leben? Bedeutet der Tod das Ende des Lebens oder den Beginn eines weiteren? Weiß irgend jemand, was nach dem Tode geschieht? Ist denn schon jemand dort gewesen? Wie fühlt man sich dabei?

Das öffentliche Interesse an diesen Fragen steigt anhaltend, je mehr Menschen mit Hilfe der modernen lebenserhaltenden Maßnahmen zur Wiederbelebung (durch die Atmung und Herzschlag des Patienten künstlich aufrechterhalten werden, bis er sie wieder selbsttätig übernehmen kann) ein Todeserlebnis überstehen. Einige dieser Patienten bieten uns äußerst überraschende Beschreibungen eines sofortigen „jenseitigen Lebens". Oft verliert das Opfer aufgrund solch angenehmer Erlebnisse seine Todesfurcht.

Viele Menschen haben sich gefragt, warum es sich bei den in letzter Zeit berichteten Erfahrungen nur um gute handelt. Man fragt sich, ob die sich dem Tode anschließenden Erfahrungen nicht auch unangenehmer oder schlechter Art sein könnten?

Als Herzspezialist komme ich mit vielen kritisch erkrankten Patienten in den kardiologischen Abteilungen verschiedener Krankenhäuser in Berührung und hatte oft die Gelegenheit zur Wiederbelebung klinisch toter Patienten. Ich kam zu dem Ergebnis, daß bei dem Gespräch mit Patienten sofort nach der Wiederbelebung genausoviele gute wie schlechte Erfahrungen zum Vorschein kamen.

Diese Beobachtung führte mich auch zum Entwurf dieses Buches, in welchem die im Anschluß an den Tod gemachten Erfahrungen verschiedener Patienten ausführlich dargestellt werden, und dem Leser sowohl die guten wie die schlechten Erfahrungen zur eigenen Bewertung vorgelegt werden.

Seit ich 1976 in die nationale Lehrfakultät der „American Heart Association" aufgenommen wurde, hatte ich außergewöhnliche Gelegenheiten zum Gespräch mit Ärzten, Krankenschwestern und Ambulanzpersonal in vielen Ländern, einschließlich der Niederlande, Finnland, UdSSR, Mittel- und Südamerika. Zusätzlich hatte ich das Vorrecht, an verschiedenen medizinischen Fakultäten sowie bei vielen anderen Gruppen Vorlesungen für Ärzte, Zahnärzte, Krankenschwestern und Medizinaltechniker zu halten. Viele dieser Leute waren so freundlich, Vergleichsmaterial aus ihrer persönlichen Erfahrung mit den eigenen Patienten vorzulegen. Ganz offensichtlich berichten nun Ärzte und Krankenschwestern auf der ganzen Welt von Erfahrungen aus dem Tod zurückgeholter Patienten, seit die medizinischen Notdienste und Intensivstationen neue und fortschrittliche Techniken zur Wiederbelebung und Aufrechterhaltung der Lebensfunktionen anwenden.

Im medizinischen Beruf scheint sich ein neues Interesse am Phänomen des Todes und damit verbundenen Themen als internationaler Trend abzuzeichnen. Das Thema ist im Begriff, populär zu werden und die Gedanken der amerikanischen Öffentlichkeit in seinen Bann zu schlagen. Es gibt viele Veröffentlichungen, die sich mit dem Tod, dem Sterbeprozess und dem Leben nach dem Tode befassen.

Bevor ich das Material für dieses Buch zusammenstellte, hielt ich selbst die meisten Todeserlebnisse für Phantasien, Mutmaßungen oder Einbildung. Die meisten Fälle, von denen ich hörte oder las, klangen für mich wie euphorische Rauscherlebnisse eines unter Sauerstoffmangel leidenden Gehirns. Dann mußte ich eines Abends, 1977, einen völlig verängstigten Patienten reanimieren, der mir erzählte, er sei wahrhaftig in der Hölle gewesen. Er bettelte, ich solle ihn doch aus der Hölle holen und ihn nicht sterben lassen. Als mir deutlich wurde, wie real und extrem das Ausmaß seiner Angst war, wurde auch ich von Furcht ergriffen. Spätere Fälle mit angsteinflößenden Erfahrungen überzeugten mich von der Notwendigkeit, möglichst bald dieses Buch zu schreiben. Nun bin ich mir sicher darüber, daß es ein Leben nach dem Tod gibt, und daß es nicht nur positiv sein kann.

In den folgenden Kapiteln werden wir detaillierte Beschreibungen der Begebenheiten bei Wiederbelebungen betrachten. Ich werde versuchen, dem Leser die persönliche Wahrnehmung einer anderen Welt zu vermitteln, mit der ich zufällig konfrontiert wurde. Außer dieser unbeabsichtigten Konfrontation werde ich versuchen, mir die Erfahrungen der Patienten, die klinisch tot waren, nochmals vor Augen zu führen und dabei verschiedene Arten des Sterbens zu unterscheiden und zu erklären; so auch, wann der Tod bedingt und wann unwiderruflich eintritt.

Ich möchte dem Leser diese Daten zur eigenen Bewertung und zum eigenen Überdenken vorlegen, einschließlich einiger historischer Erfahrungen vom Leben nach dem Tod mit Darstellungen, die den gegenwärtigen Erfahrungen vergleichsweise ähnlich sind. Der von augenfälliger Wiederholung gekennzeichnete Ablauf der Ereignisse und die parallelen Erfahrungen in völlig unabhängigen Fällen scheinen jede Möglichkeit von Zufällen oder verbindenden Umständen während dieser Erlebnisse außerhalb des Körpers auszuschließen.

Unter diesen Fallberichten befinden sich auch einige verblüffende Fälle von Erinnerungen an spezielle Ereignisse, die sich tatsächlich innerhalb des betreffenden Raumes während der Zeit des klinischen Todes oder der Bewußtlosigkeit abspielten. Diese Vorgänge wurden von Patienten so genau bis ins Detail erzählt, daß Grund zur Annahme einer geistlichen Existenz außerhalb des Körpers während dieser Zeit des klinischen Todes besteht. Verschiedene bedeutende Menschen erzählten in der Vergangenheit von ähnlichen Erfahrungen, obwohl sich die beschreibende Literatur hier dürftig zeigt.

Überlegungen über den Tod sind ein Thema, mit dem wir uns später noch besonders befassen; es ist wichtig, diese Dinge vom eigentlichen Todeserlebnis zu unterscheiden. Einzelne Personen können, wenn man sie über ihren bevorstehenden Tod informiert, ganz verschiedene Visionen, Erscheinungen oder Gefühle erleben, die mitunter objektiv schwer zu bewerten sind, obwohl darüber viele Dokumentationen vorliegen. Berichte von Erlebnissen nach dem Tode weisen indessen große Ähnlichkeiten im dargestellten Ablauf der Ereignisse auf und bieten sich damit für eine Vergleichsanalyse an.

Der Zweck dieses Buches ist es, die Erlebnisse einzelner Personen wiederzugeben, die den klinischen Tod überstanden, ins Leben zurückkehrten und uns davon erzählten. Von denen, die durch Wiederbelebung des Herzschlags und der Atmung aus dem Tod zurückgeholt wurden, berichteten nur etwa zwanzig Prozent über ein jenseitiges Erleben. Diese Personen kommen zurück und erzählen uns, daß der Tod – für den Durchschnittsmenschen ein quälender Gedanke – nicht Endgültigkeit und Vergessenheit bedeutet, sondern vielmehr ein Hinübertreten von einem Leben in ein weiteres; eine mitunter hoch befriedigende, in anderen Fällen jedoch auch erschreckende Existenz. Ist die Erfahrung angenehm, so versichern uns die Patienten, daß der Todesprozeß schmerzlos ist – eine einfache Ohnmacht, ein Aussetzen des Herzschlags – wie wenn man einschläft.

Obwohl der Tod uns allen sicher ist, lehnt es der Mensch noch immer ab, die Unausweichlichkeit des Todes zu akzeptieren. Die Bedrohung seiner angemaßten Unsterblichkeit macht ihn unzufrieden – eine Bestätigung dafür, daß es ihm noch offensichtlich an der Gewißheit eines Lebens danach fehlt.

1. Kapitel:
Zur Hölle und zurück

Immer mehr meiner Patienten, die eine gefährliche Krankheit überstanden haben, sagen: Es gibt ein Leben nach dem Tod; es gibt einen Himmel und eine Hölle. Ich hatte mir den Tod immer als schmerzloses Ausgelöschtwerden vorgestellt; ich hätte mein Leben darauf gewettet. Nun mußte ich mein eigenes Lebensziel von Neuem überdenken, und was dabei herauskam, war nicht gut. Ich entdeckte, daß es vielleicht gar nicht so ungefährlich ist, zu sterben.

Der Wendepunkt in meinem Denken kam durch ein Ereignis, auf das ich schon anspielte. Ich verlangte, daß sich ein Patient einem „Stress-Test" unterzog, um Schmerzen im Brustkorb abzuklären. Bei diesem Test führt der Patient Übungen durch, während gleichzeitig sein Herzschlag aufgezeichnet wird. Ein Laufband bestimmt die Übungsgeschwindigkeit des Patienten, so daß er langsam anläuft bis zu einem Spurt. Zeigt die Herzkurve (EKG) während dieser Übung starke Unregelmäßigkeiten, so können wir gewöhnlich sicher sein, daß der Ursprung für die Brustschmerzen des Patienten auf das Herz zurückzuführen ist.

Dieser Patient war ein 48 Jahre alter Mann, von Beruf Landbriefträger. Er war mittelmäßig gebaut, dunkelhaarig und hatte eine gewinnende Persönlichkeit. Unglücklicherweise handelte es sich bei ihm um einen von den ganz seltenen Fällen, bei denen nicht nur die Herzkurve unregelmäßig wurde, sondern das Herz ganz zu schlagen auf-

hörte. Er erlitt einen Herzstillstand und fiel tot um –
mitten in meinem Untersuchungsraum. Anstatt zu flimmern (krampfartig ohne Herzschlag zu zucken) hatte das
Herz einfach zu schlagen aufgehört. Leblos fiel er zu
Boden.

Als ich mein Ohr auf seine Brust legte, konnte ich keinen
Herzschlag hören. Ich konnte mit meiner Hand neben dem
Adamsapfel keinen Puls fühlen. Sein Atem ging ein- oder
zweimal seufzend, bevor er ganz zu atmen aufhörte. Es
zeigten sich Muskelzuckungen und dann Konvulsionen.
Er lief zunehmend blau an.

Zwar arbeiteten noch sechs andere Ärzte als Partner in
der gleichen Klinik; aber es war Spätnachmittag, und sie
waren schon in anderen Krankenhäusern zur Abendvisite.
Nur die Krankenschwestern waren noch da. Aber sie
wußten, was sie zu tun hatten.

Während ich mit der externen Herzmassage begann,
indem ich auf seinen Brustkorb drückte, begann eine
Krankenschwester mit der Mund-zu-Mund-Beatmung.
Eine weitere Schwester besorgte eine Atemmaske, die es
leichter machte, Luft in seine Lungen zu bekommen. Eine
andere Krankenschwester brachte den Notfallwagen mit
dem Herzschrittmacher. Unglücklicherweise setzte der
Herzschlag nicht wieder ein. Es war ein totaler Herzblock
eingetreten. Diesen Herzblock galt es durch den Herzschrittmacher zu überwinden; außerdem mußte der Herzschlag von fünfunddreißig Schlägen pro Minute auf achtzig bis hundert pro Minute angehoben werden.

Zur Hölle und zurück

Ich mußte das Kabel des Herzschrittmachers in die große Vene am Schlüsselbein einführen, die direkt zum Herzen führt. Das eine Ende dieser elektrischen Leitung gelangt so durch das Venensystem ins Innere des Herzens. Das andere Ende ist an einem kleinen batteriebetriebenen Gerät befestigt, das den Herzschlag regelt und damit den Herzblock überwindet.

Der Patient begann zu sich zu kommen. Aber jedesmal, wenn ich nach einem Instrument greifen mußte oder mit dem Zusammendrücken des Brustkorbs aus anderen Gründen aufhören mußte, verlor der Patient wieder das Bewußtsein, rollte die Augen nach oben, krümmte seinen Rücken in leichter Konvulsion, hörte auf zu atmen und sank einmal mehr in den klinischen Tod.

Jedesmal, wenn sein Herzschlag und seine Atmung wieder einsetzten, schrie er: „Ich bin in der Hölle!" Er war völlig verängstigt und flehte mich an, ihm zu helfen. Ich war zu Tode erschrocken. Dieses Geschehen versetzte mir buchstäblich einen „höllischen" Schrecken! Es erschreckte mich so sehr, daß ich dieses Buch schrieb.

Dann flehte er merkwürdigerweise: „Nicht aufhören!" Wissen Sie – das erste, was die meisten Patienten, die ich wiederbelebe, meistens sagen, ist: „Nehmen Sie Ihre Hand von meinem Brustkorb, Sie tun mir weh!" Ich bin ziemlich groß, und bei meiner Praxis der externen Herzmassage kommt es manchmal zu Rippenbrüchen. Aber dieser Patient sagte: „Nicht aufhören!"

Dann sah ich seinen wahrhaft alarmierenden Gesichtsausdruck. Er hatte einen furchtbaren Ausdruck – schlimmer als ich ihn je im Angesicht des Todes gesehen hatte. Dieser Patient verzerrte sein Gesicht zu einer grotesken Grimasse, die tiefen Schreck ausdrückte. Seine Pupillen hatten sich geweitet, er schwitzte und zitterte – er sah aus, als stünden ihm die Haare zu Berge.

Dann geschah noch etwas sehr Merkwürdiges. Er sagte: „Verstehen Sie mich nicht? – Ich bin in der Hölle. Jedesmal, wenn Sie aufhören, muß ich wieder zurück in die Hölle! Lassen Sie mich nicht wieder in die Hölle!"

An Patienten mit dieser Art von emotionellem Streß gewöhnt, wies ich seine Beschwerde zurück und sagte ihm, er solle seine „Hölle" für sich behalten. Ich erinnere mich noch, gesagt zu haben: „Ich bin beschäftigt! Lassen Sie mich mit Ihrer Hölle in Frieden, bis ich den Schrittmacher eingefädelt habe."

Aber der Mann meinte es ernst, und schließlich erschien es auch mir so, als ob er in der Tat in Schwierigkeiten wäre. Er befand sich in einem panischen Zustand, wie ich ihn vorher noch nie gesehen hatte. So begann ich denn, mit fieberhaftem Eifer zu arbeiten. Bis zu diesem Zeitpunkt hatte der Patient wohl drei- bis viermal völlig das Bewußtsein verloren und war durch das Aussetzen von Herz und Atmung klinisch tot gewesen.

Nach mehrmaligem Todeseintritt fragte er mich schließlich: „Wie kann ich aus der Hölle draußen bleiben?" Ich antwortete ihm, es sei wohl so, wie man es in der Sonntagsschule lernt, – daß wahrscheinlich Jesus Christus derjenige sei, den man um Errettung bitten müsse.

Zur Hölle und zurück

Da sagte er: „Ich weiß nicht, wie. Beten Sie für mich."
Für ihn beten! Der Mann hatte Nerven! Ich sagte ihm, ich sei Arzt und kein Pfarrer.

„Beten Sie für mich", wiederholte er.

Ich wußte, mir blieb keine Wahl. Es war der Wunsch eines Sterbenden. Ich ließ ihn meine Worte wiederholen, während wir arbeiteten – dort auf dem Boden. Es war ein sehr einfaches Gebet, denn ich wußte nicht viel vom Beten. Es lautete etwa so:

„Herr Jesus, ich bitte dich, bewahre mich vor der Hölle. Vergib mir meine Sünden. Ich übergebe dir mein Leben. Wenn ich sterbe, möchte ich in den Himmel kommen. Wenn ich überlebe, möchte ich für immer dir gehören."

Schließlich stabilisierte sich der Zustand des Patienten, und er wurde in ein Krankenhaus überführt. Ich ging heim, wischte den Staub von meiner Bibel und begann darin zu lesen. Ich wollte genau herausfinden, wie die Hölle angeblich sein sollte. Ich hatte ständig mit dem Tod als einer Routineangelegenheit in meiner medizinischen Praxis zu tun gehabt und sah ihn als ein Auslöschen, bei dem man weder traurig noch ängstlich zu sein braucht. Jetzt war ich überzeugt, daß all das Reden vom Leben nach dem Tode doch nicht ganz grundlos war. Meine sämtlichen Vorstellungen bedurften einer Revision. Ich mußte mehr herausfinden. Es war, wie wenn ich ein weiteres Stück zu dem Puzzle gefunden hätte, das die Wahrheit der Schrift belegt. Ich entdeckte, daß die Bibel nicht nur ein historisches Buch ist. Jedes Wort schien sich nun als wahr zu erweisen. Ich beschloß, sie von neuem und sehr sorgfältig zu lesen.

Ein paar Tage später besuchte ich meinen Patienten, mit Block und Bleistift in der Hand, zu einem Gespräch. An seinem Bett bat ich ihn, sich zu erinnern, was er eigentlich in der Hölle gesehen habe. Ob es da Feuerflammen gegeben habe? Ob der Teufel eine Mistgabel habe? Wie es denn in der Hölle aussähe?

Er antwortete: „Was für eine Hölle? Ich kann mich an keine Hölle erinnern!" Ich rief ihm all die Einzelheiten in Erinnerung, die er vor zwei Tagen beschrieben hatte, als er auf dem Boden neben dem Laufband wiederbelebt wurde. Er konnte sich an keines der unangenehmen Geschehnisse erinnern! Offensichtlich waren diese Erfahrungen so erschreckend, so angsteinflößend und so schmerzlich gewesen, daß sein Bewußtsein sie nicht bewältigen konnte; so waren sie weit in das Unterbewußtsein verdrängt worden.

Dieser Mann blieb, nebenbei gesagt, Gott treu. Er ist jetzt ein guter Christ, obwohl er vor diesem Vorfall nur gelegentlich zur Kirche gegangen war. Zwar ist er zu scheu und zurückhaltend, um vor Gruppen zu sprechen, aber er blieb ein gewinnender Zeuge Jesu Christi im persönlichen Gespräch. Er erinnert sich an das Gebet, das wir sprachen, und er erinnert sich, danach ein- oder zweimal das Bewußtsein verloren zu haben. Er erinnert sich zwar immer noch nicht an die Erlebnisse in der Hölle, aber er erinnert sich, in der Ecke des Raumes gestanden zu haben und zugesehen zu haben, wie wir seinen Körper auf dem Boden bearbeiteten.

Zur Hölle und zurück

Auch erinnert er sich, während eines späteren Todeserlebnisses seine Mutter und Stiefmutter getroffen zu haben. Der Ort, an dem sie sich trafen, strahlte in wunderschönen Farben. Er sah auch andere Verwandte, die schon gestorben waren. Dieses Erlebnis war sehr angenehm; es spielte sich ab in einem engen Tal mit üppiger Vegetation, das durch einen riesigen Lichtstrahl herrlich erleuchtet war. Er „sah" seine Mutter zum ersten Mal. Sie war im Alter von einundzwanzig Jahren gestorben, als er fünfzehn Monate alt war, und sein Vater hatte bald wieder geheiratet. Dieser Mann hatte noch nicht einmal ein Bild von seiner leiblichen Mutter gesehen, und doch konnte er ihr Bild aus verschiedenen anderen herausfinden, als einige Wochen später die Schwester seiner Mutter, nachdem sie von seinem Erlebnis gehört hatte, ihm einige Familienbilder zur Identifikation vorlegte. Es gab keinen Zweifel – das gleiche kastanienbraune Haar, die gleichen Augen, der gleiche Mund – das Gesicht sah genau so aus, wie die Frau, die er in seinem Erlebnis gesehen hatte. Sie war noch immer einundzwanzig Jahre alt. Es gab keinen Zweifel daran, daß dies seine Mutter gewesen war. Er war erstaunt und sein Vater ebenfalls.

Ähnliche Umstände könnten das Rätsel lösen, warum bis dahin in der Literatur nur von „guten Fällen" berichtet wurde. Wenn die Gespräche mit dem Patienten aus irgendeinem Grund erst verspätet geführt werden können, könnte dadurch schon genug Zeit verstrichen sein, daß er sich an die guten Erfahrungen noch erinnert und von ihnen berichtet, die schlechten aber verdrängt und aus seinem Gedächtnis gelöscht hat.

Zukünftige Beobachtungen sollten diese Forschungsergebnisse bestätigen, wenn Ärzte von Intensivstationen und solche Ärzte, die routinemäßig mit kritischen medizinischen Fällen zu tun haben, den Mut finden, durch Gespräche mit dem Patienten „vor Ort", direkt nach seiner Wiederbelebung aus dem klinischen Tod, nach geistlichen Dingen zu forschen. Da nur etwa zwanzig Prozent der Wiederbelebten Erfahrungen machen, von denen sie berichten können, dürften sich viele solcher Gespräche als fruchtlos erweisen. Stößt man jedoch auf Erlebnisse, so ist das wie der Fund von Edelsteinen, die man vorher als nutzlos weggeworfen hätte. Solche Edelsteine haben mich, über jeden Zweifel hinaus, überzeugt, daß es ein Leben nach dem Tod gibt – und daß nicht alles daran gut ist!

Die Geschichte dieses besonderen Patienten geht noch weiter. Der Zustand seines Herzens war durch diese Begebenheit aufgedeckt worden, als er in meinem Untersuchungsraum einen Herzstillstand erlitt. Nachdem er sich davon erholt hatte, traten weiterhin Brustschmerzen auf, deren Ausmaß in keinem Verhältnis zu den Schmerzen stand, die man nach dem Druck auf den Brustkorb während der Herzmassage erwartet hätte.

Durch Herzkatheterisierung (eine Methode zur Untersuchung der Herzgefäße) war es uns möglich, die abnormalen Arterien an der Herzwand zu betrachten, die sein Problem verursachten. Da die Herzarterien gewöhnlich zu klein sind, als daß man die Blockaden daraus entfernen könnte, muß man aus dem Bein Blutgefäße entnehmen und sie auf der Herzoberfläche, über und unter den versperr-

Zur Hölle und zurück

ten Arterien einsetzen, so daß sie als eingepflanzte „Umleitungen" dienen. Unser Chirurgenteam wurde zu dieser Operation zusammengerufen.

Meine Verantwortung als Kardiologe umfaßt die Katheterisierung, die Diagnose und die Behandlung, nicht aber die Chirurgie. Aber bei dieser besonderen Gelegenheit schloß ich mich dem Chirurgenteam von mehreren Ärzten und Operationstechnikern an. Das Gespräch am Operationstisch, wie auch vorher am Katheterisierungstisch, verlief etwa folgendermaßen:

„Ist das nicht interessant?" sagte ein Arzt zu den anderen. „Dieser Patient meint, er sei während der Wiederbelebung in der Hölle gewesen! Nun, ich mache mir um so etwas nicht so viele Sorgen. Wenn es eine Hölle gibt, brauche ich mir keine Gedanken zu machen. Ich habe ein anständiges Leben geführt und mich immer um meine Familie gekümmert. Andere Ärzte betrügen ihre Frauen, aber das habe ich nie gemacht. Ich kümmere mich auch um die Kinder und sehe zu, daß sie in der Schule vorankommen. Also brauch' ich mir keine Sorgen zu machen – wenn es einen Himmel gibt, werde ich hineinkommen."

Ich wußte, daß das falsch war, was dieser Arzt gesagt hatte, aber ich konnte keine Schriftstellen zitieren, die die Gründe dafür lieferten. Später schaute ich nach und entdeckte, daß es viele gab*. Ich wußte einfach, daß man dort nicht hineinkommen konnte, nur weil man ein guter Mensch war.

---

*Johannes 3, 3; 3, 16; 14, 6; Sprüche 14, 12; Jesaja 64, 5; Römer 10, 9.

Das Gespräch am Operationstisch wurde von einem anderen Arzt fortgesetzt: „Ich glaube nicht, daß es ein Leben nach dem Tod gibt. Ich glaube, dieser Patient hat sich nur eingebildet, er wäre in der Hölle gewesen. So einen Ort gibt es wirklich nicht." Als ich ihn fragte, welche Grundlage er für diesen Glauben in Anspruch nehme, antwortete er: „Ich war drei Jahre auf einem Predigerseminar, bevor ich Medizin studierte. Ich habe das Seminar verlassen, weil ich einfach nicht an ein Leben nach dem Tod glauben konnte."

„Was glauben Sie denn, was mit dem Menschen passiert, wenn er stirbt?" fragte ich.

„Wenn ein Mensch stirbt, dann wird er Dünger für die Blumen", war seine Antwort. Er meinte das im Ernst, und er glaubt es immer noch.

Ich muß beschämt zugeben, daß ich genauso schuldig war. Ich war noch schlimmer als die anderen. Einer der Ärzte, der mich gerne etwas stichelte, versuchte die anderen Ärzte mit folgender Frage zu amüsieren: „Rawlings, man hat mir erzählt, daß Sie sich im Jordan taufen ließen – ist das wahr?"

Ich versuchte, der Frage durch Wechseln des Themas auszuweichen. Anstatt etwas Einfaches zu sagen wie: „Ja, und es war einer der glücklichsten Tage meines Lebens!" wich ich der Konfrontation aus. Ich wechselte das Thema, was dem Verleugnen gleichkam. Diese Entscheidung bereue ich heute noch. Ich erinnere mich immer wieder an die Schriftstelle, wo Jesus sagt, wenn wir ihn vor den Menschen verleugneten, werde er auch uns vor seinem

Zur Hölle und zurück

Vater im Himmel verleugnen (Matth. 10, 33). Ich hoffe, daß man meine Einstellung inzwischen deutlicher sieht.

Beim Wiedergeben dieses Gesprächs ging es mir eigentlich darum, das Bedürfnis nach missionarischer Arbeit im eigenen Land nachdrücklich aufzuzeigen. Vielleicht sollten wir nicht nur Christen nach Übersee aussenden, sondern zusätzlich auch in die Operationssäle unserer örtlichen Krankenhäuser.

Ich möchte nochmals betonen, daß – im Gegensatz zu den meisten veröffentlichten Fällen über Leben nach dem Tod – nicht alle Todeserfahrungen positiv verlaufen. Es gibt auch eine Hölle! Aufgrund meiner eigenen Erkenntnis hinsichtlich dieser Tatsache begann ich, Berichte über unangenehme Fälle zu sammeln, die den anderen Forschern offensichtlich entgangen waren. Ich nehme an, das ist darauf zurückzuführen, daß die betreffenden Forscher – normalerweise Psychiater – niemals einen Patienten wiederbeleben mußten. Sie hatten keine Gelegenheit, direkt zur Stelle zu sein. In meiner Studie erwies es sich, daß die unangenehmen Erfahrungen mindestens genauso häufig auftreten wie die angenehmen. Ist die Bibel also wahr? – Die Antwort sollte mich bald persönlich bewegen; und ich möchte sie Ihnen, dem Leser, zur eigenen Beurteilung vorlegen.

2. Kapitel:
Ins Leben zurück

Im medizinischen Beruf haben wir es sehr oft mit dem Tod zu tun – wir verhindern ihn, wenn wir können, und holen, wenn möglich, Menschen aus dem klinischen Tod zurück.

Bevor wir uns direkt mit den Todeserlebnissen befassen, möchte ich dieses und das nächste Kapitel der Erörterung zweier grundlegender Bereiche widmen, die zum besseren Verständnis der Erfahrungen selbst beitragen. Dieses Kapitel befaßt sich mit der medizinischen Wiederbelebung: wie sie funktioniert und in welcher Beziehung sie zu den Erfahrungen des sterbenden Patienten steht. Dann möchte ich darauf zu sprechen kommen, warum wir sterben müssen, und auf einige spezielle Dinge, die wir alle tun können, um unseren Körper gesund zu erhalten.

Etwa fünfzehn Jahre lang gab ich Unterricht über Wiederbelebungsmethoden. Die in diesem Kapitel erörterten Methoden können Ihnen dabei von Nutzen sein, beim plötzlichen Zusammenbruch eines Mitmenschen die richtigen Maßnahmen zu treffen. Während sich ältere Methoden kaum als erfolgreich erwiesen, können durch die ständig neuen Weiterentwicklungen der Wiederbelebung nun mehr als fünfzig Prozent aller plötzlichen Herzversager (mit Ausnahme der Unfallverletzten) am Leben erhalten werden. Ohne jede Ausrüstung, durch den Gebrauch der bloßen Hände, kann jeder mit ganz geringer Ausbildung diese Techniken mit einiger Aussicht auf Erfolg anwenden. Wiederbelebung ist die Kunst, dem anderen Atem einzuflößen durch die eigene Atmung und den Herzschlag mit den Händen zu simulieren. Wiederbelebung ist eine geniale und doch einfache Methode, einen klinisch toten Menschen ins Leben zurückzubringen.

Der Tod, so wie man ihn vor der Wiederbelebung erfährt, ist schwer zu definieren und zu verstehen. Während solcher Erlebnisse können merkwürdige Begegnungen stattfinden. Der klinische Tod ist durch die Reaktivierung von Herz und Lungen grundsätzlich rückgängig zu machen. Das Gehirn und lebenswichtige organische Gewebe sind noch nicht abgestorben; wenn das geschieht, tritt der unwiderrufliche Tod oder Gewebetod ein. Die Wiederbelebung aus dem klinischen Tod sollte man auf keinen Fall mit der Auferweckung aus dem endgültigen Tod verwechseln. Für den einen benötigt man Ausbildung; für den anderen ein Wunder!

Fast jeder wird einmal im Leben Zeuge eines unerwarteten, plötzlichen Zusammenbruchs und sollte daher wissen, wie man den Kranken wiederbelebt. Man kann dann nicht auf Hilfe von anderer Seite warten.

Einfache Wiederbelebungstechniken

Die Wiederbelebung besteht darin, daß Atmung und Kreislauf künstlich eingeleitet werden.

Die Atmung wird durch Mund-zu-Mund-Beatmung erzielt; sie wird vorgenommen, indem man dem Patienten mit der Hand die Nase zuhält und ihm den eigenen Atem

Ins Leben zurück

durch den Mund in seine Lungen preßt. Wird das richtig getan, so dehnt sich der Brustkorb des Bewußtlosen aus, da die Luft einströmt. Die Ausatmung erfolgt automatisch, da sich der Brustkorb des Bewußtlosen wieder elastisch zusammenzieht, wenn man seinen Mund zum nächsten Atemholen freigibt.

Der Kreislauf wird durch externe Herzmassage aufrechterhalten. Sie erfolgt, indem man den Ballen einer Hand auf dem unteren Teil des Brustbeins aufsetzt, die andere Hand auf die erste legt und abwärts drückt, um das Herz so zwischen dem nachgebenden Brustbein vorn und dem unbeweglichen Rückgrat hinten zusammenzudrükken.

Dieser Zyklus wird nach jeweils fünfzehn Druckbewegungen für zwei schnelle Atemspenden unterbrochen; wenn man alleine arbeitet. Die Massagezeit wird so eingeteilt, daß Kompression und Entspannung jeweils gleich lange andauern; es werden sechzig bis achtzig Herzschläge pro Minute simuliert. Da das Herz so gebaut ist, daß das Blut nur in einer Richtung fließen kann, fließt das Herzblut durch den Druck in die arteriellen Blutgefäße; zwischen den Kompressionen füllt sich das Herz dann wieder neu mit Blut. Wenn man richtig vorgeht, so kann man den Puls als Ausdehnung des dem Adamsapfel benachbarten Blutgefäßes am Hals (der Karotis) fühlen. Dieser Puls bestätigt das korrekte Vorgehen, abgesehen von der Tatsache, ob der Patient schließlich überlebt.

So ist es nun nicht länger nötig, den Brustkorb operativ zu öffnen und das Herz zur direkten Massage freizulegen.

Die gegenwärtige Methode erweist sich zu diesem Zweck als ebenso wirksam.

Geschwindigkeit und gründliches Vorgehen sind bei der Wiederbelebung im Falle eines plötzlichen Zusammenbruchs der Schlüssel zum Erfolg. Achtundneunzig Prozent Überlebenschancen bestehen, wenn innerhalb einer Minute nach dem Herz- und Atemstillstand Herz und Puls künstlich eingeleitet werden – bei zwei Minuten sind es zweiundneunzig Prozent, und bei drei Minuten zweiundsiebzig. Aber nur fünfzig Prozent überleben, wenn vier Minuten verstreichen, und nur elf Prozent bei sechs Minuten!

Blockierung der Atemwege

Blockierte Atemwege – durch Würgen oder Ersticken – tragen zu fünfzig Prozent aller Todesfälle bei. Eine solche Blockierung sollte man vermuten, wenn der Patient unter größter Anstrengung erfolglos versucht, Luft in seine Lungen zu bekommen. Manchmal ist ein krächzendes Geräusch zu hören, wenn der Patient die Luft – an einer teilweisen Blockierung vorbei – einzieht. Ringt er geräuschlos um Atem, so ist das Anzeichen eines akuten Notfalls: die Atemwege sind völlig blockiert. Hilft man hier nicht, so wird schnell der Tod eintreten. Anschließende Wiederbelebung kann das Hindernis beseitigen, aber jeder Widerstand bei der Atemspende ist ein Zeichen für das Fortbestehen der Blockierung der Atemwege.

Ins Leben zurück

Dehnt sich der Brustkorb durch die Atemluft nicht aus, so ist das eine weitere Bestätigung für ein Hindernis.

Die häufigste Blockierung der Atemwege beim bewußtlosen Patienten ist darauf zurückzuführen, daß die Zunge erschlafft und rückwärts in die Luftröhrenöffnung sackt. Zwar „verschluckt" der Patient seine Zunge nicht, aber so ähnlich kann man es sich vorstellen. Man hebt den Nacken und drückt die Stirne nach unten zum Boden hin (wenn der Patient auf dem Boden liegt); dies ermöglicht gewöhnlich sofortiges, ruhiges und ungehindertes Atmen. Viele bewußtlose Patienten sterben einfach an Ersticken, weil ihre Zunge die Atemwege blockiert, was man sehr leicht hätte verhindern können.

Die American Heart Association versucht, jeden, einschließlich der Kinder im Grundschulalter, darüber zu belehren, wie man eine Behinderung der Atemwege feststellt und behebt. Bleibt zum Beispiel ein Kind bei einem schweren Verkehrsunfall mit seiner Familie unverletzt, so sollte es wissen, wie es bei bewußtlosen Familienmitgliedern das Kinn anzuheben hat, um dem Erstickungstod vorzubeugen, bevor die Ambulanz eintrifft.

Andere Blockierungen der Atemwege können auf falsch verschlucktes Fleisch zurückzuführen sein, auf in die Luftröhre gelangte Speisereste, Gebißteile oder andere Dinge, die eine Blockierung oder Behinderung an den Stimmbändern (Stimmritzenkrampf) hervorrufen können. Alle Blockierungen, die der Patient nicht durch Husten beseitigen kann, lassen sich oft durch Druck auf Unterleib oder Brustkorb entfernen. Man erreicht das, indem man den unteren Teil des Brustkorbs oder die obere Partie des Unterleibs kräftig zusammendrückt. Durch solche Techniken preßt man die Luft aus den Lungen und versucht damit, das blockierende Material aus der kritischen Zone der Luftröhre in den Halsbereich zu verschieben, wo man es beseitigen kann.

Die Mund-zu-Mund-Beatmung kann unter Umständen das Hindernis auch beseitigen. Indem man den Fremdkörper aus der Luftröhre in die Lunge hinabbläst, ermöglicht man dem Opfer oft, mit dem verbleibenden Lungenflügel zu atmen. Der Fremdkörper kann später, zu einem gelegeneren Zeitpunkt, mit einem „Bronchoskop" genannten Instrument aus der Lunge entfernt werden. Das Bronchoskop ist eine Hohlröhre, die durch die Luftröhre bis zur Lunge eingeführt wird. Mit den daran befestigten Greifern kann das Material ergriffen und beseitigt werden.

Ich erinnere mich an die unglückliche Geschichte einer der drei hübschen Töchter des Obersten Antonio A. Batres, Befehlshaber der Luftwaffe von Guatemala. Ich flog nach Guatemala, um einige Hilfsgüter und Typhusimpfstoff auszuliefern, der von Kollegen in Chattanooga für die dortigen Erdbebenopfer gespendet worden war. Gerade eine Woche vor dem Erdbeben war Oberst Batres' Tochter, etwa zwanzig Jahre alt, zu ihrem Zahnarzt in der Innenstadt Guatemala City gegangen. Während der zahnärztlichen Behandlung – ich weiß nicht, ob es eine Plombierung war oder ein Zahn gezogen wurde – gab sie plötzlich ein keuchendes Geräusch von sich. Sie konnte nicht mehr atmen; sie lief blau an und wurde bewußtlos. Da er in den vielen Jahren seiner Praxis noch nie mit einer

Ins Leben zurück

Blockierung der Atemwege konfrontiert worden war, wußte der Zahnarzt nicht, was er tun sollte. Er rannte durch die Innenstadt von Guatemala und schrie: „Hilfe, Hilfe!" In der Zwischenzeit starb sie. Hätte er die gerade aufgezeigten Schritte gekannt und befolgt, so hätte ihr Tod vermieden werden können.

Die kritische Zeitspanne

Bei mehr als tausend Fällen, bei denen die Ambulanz in Seattle zu klinisch toten Patienten (wegen Herzstillstand) gerufen wurde, fand man heraus, daß nur achtzehn Prozent wiederbelebt werden können, wenn die Bevölkerung auf Wiederbelebungsmaßnahmen seitens des Ambulanzpersonals – das nach dieser Studie schon in wenigen Minuten eintraf – wartet. Auf der anderen Seite stieg die Überlebensrate auf mehr als das Doppelte an – sechsundvierzig Prozent – wenn Passanten unmittelbar Wiederbelebungsmaßnahmen einleiteten, bevor die Ambulanz eintraf. Hier wurde die kritische Zeitspanne vermindert, in der der Patient ohne Herzschlag und Atmung existieren mußte. Hier muß auch die Belehrung der Öffentlichkeit ansetzen.

Das Gehirn besitzt nur eine Überlebenszeit von vier Minuten, wenn Herzschlag und Blutversorgung ausbleiben. Selbst ein Arzt, der in der Nachbarschaft wohnt, könnte dem Durchschnittsopfer eines Herzstillstands, sei es durch Herzschlag, Ertrinken, elektrischer Schlag, Vergiftung oder Ersticken, nicht helfen. Es würde viel länger als die vier Minuten „Überlebenszeit" dauern, bis der Arzt Wiederbelebungsmaßnahmen einleiten könnte. Daher ist es wichtig, daß jeder mit der Herz-Lungen-Wiederbelebung vertraut ist. Detaillierte Ausbildung darin können Sie in fast allen Städten im örtlichen Zentrum der American Heart Association* oder des Roten Kreuzes erhalten. Daran sollten Sie unbedingt teilnehmen.

Viele von uns sind vielleicht schon Zeuge eines plötzlichen Todesfalls geworden. Das ist gar nicht ungewöhnlich. Ich erinnere mich an den unerwarteten Tod eines Freundes vor einigen Jahren in Galloway Gardens, einem vornehmen Erholungsort in Georgia. Während wir dort mit dem Fahrrad spazieren fuhren, beschwerte sich mein Freund – er war in den Vierzigern – er verspüre „eine Art Blähung" mitten im Brustkorb. So etwas hatte er zum ersten Mal. Wir waren dorthin geflogen, um Golf zu spielen. Mein Golfspiel war an diesem Tag schrecklich (wie gewöhnlich), und so war die Gelegenheit, mit unseren Frauen eine Radtour zu machen, eine willkommene Abwechslung.

Seine „Blähungen" wurden jedoch zunehmend schmerzhafter, und er fühlte sie sogar im Kiefer und in den Armen. Er beschloß, sich auf die Wiese zu legen. Seine Schmerzen wurden schlimmer, und als er ganz bleich wurde und nach Atem rang, begann sich alles um ihn zu

---

*In Deutschland: Arbeiter-Samariter-Bund, Johanniter-Unfallhilfe etc.

Ins Leben zurück

versammeln. Plötzlich drückte er in einer krampfhaften Bewegung seinen Rücken durch, hustete, rollte die Augen nach oben, hörte auf zu atmen und lief grau-blau an. Mit vier schnellen Atemzügen begann ich die Mund-zu-Mund-Beatmung, während ich zur Befreiung der Atemwege seinen Kopf zurückbeugte und ihm die Nase mit den Fingern zuhielt. Da ich keinen Puls fühlen und keinen Herzschlag hören konnte, als ich meinen Kopf auf seine Brust legte, begann ich mit der externen Herzmassage.

Schließlich öffnete er die Augen und versuchte zu sprechen, aber jedesmal wenn ich mit der Wiederbelebung aufhörte, fiel er in ein tiefes Koma zurück. Dann wachte er wieder halbwegs auf, halb lächelnd und halb Grimassen schneidend, und fuchtelte herum, als suchte er etwas. Ich glaubte, er wolle mir etwas sagen, aber ich nahm mir nicht die Zeit, zuzuhören. Ich war mehr besorgt darum, jede erreichbare medizinische Hilfe zu finden.

Während all dieser Zeit hatte er keinen eigenen Herzschlag, aber ich war sicher, daß Herzkammerflimmern eingetreten war. Ohne jedes Beobachtungsinstrument oder andere Ausrüstung blieb mir nichts weiter übrig, als die Wiederbelebung auch während der langen Fahrt zum Krankenhaus im Krankenwagen fortzusetzen; dort würde man über einen Defibrillator verfügen.

Der Krankenwagen kam, und wir hoben ihn hinein. Zufälligerweise verfügte der Krankenwagen über einen tragbaren Defibrillator, aber es stellte sich heraus, daß dieser schon lange nicht mehr kontrolliert worden war und nicht mehr aufgeladen war. Unterwegs hielten wir an einem Bauernhaus an, wo wir den Defibrillator zum Aufladen an das Netz anschließen konnten; aber er lud sich nicht auf. Das Gerät erwies sich als nutzlos. Als wir im Krankenhaus von LaGrange ankamen, waren fast zwei Stunden vergangen. Zu diesem Zeitpunkt zeigte auch die Behandlung mit Elektroschock keine Wirkung mehr.

Natürlich frage ich mich nun, was sich wirklich abgespielt hatte. Was versuchte er mir zu sagen? Während dieser bedeutsamen Augenblicke hatte ich es versäumt, ihm zuzuhören. Ich hatte ihn nicht gefragt, was er sah, wo er war oder was vorgefallen war. In der Vergangenheit habe ich mir viele solche Gelegenheiten entgehen lassen. Aber das soll nun nicht mehr geschehen!

Von der halben Million Amerikaner, bei denen die Gefahr eines Herzinfarkts (Myokardinfarkt) besteht, sterben mehr als 360 000, bevor sie in ein Krankenhaus eingeliefert werden können. Da die meisten innerhalb der ersten zwei Stunden sterben, können sechzig Prozent der Patienten mit akutem Herzinfarkt nicht rechtzeitig auf eine kardiologische Station gebracht werden. Die meisten dieser frühen oder plötzlichen Todesfälle treten durch Herzkammerflimmern ein; das heißt: das Herz zuckt, aber es zieht sich nicht mehr zusammen.

Wollen wir die Sterblichkeitsziffer hier wirkungsvoll absenken, so müssen wir die Öffentlichkeit über die schweren, drückenden Schmerzen in der Mitte des Brustkorbs informieren, die beim Herzinfarkt auftreten – und über die Notwendigkeit, sofort oder so früh wie möglich in ein Krankenhaus zu gehen. Die derzeitige Statistik deutet

Ins Leben zurück

an, daß die Zeitspanne zwischen dem Einsetzen der Schmerzen und der Einlieferung in eine Herzstation erschreckend groß ist – man schätzt neun Stunden im Landesdurchschnitt!

Meistens haben die erreichbaren Personen, wenn ein plötzlicher Fall von Bewußtlosigkeit eintritt, keine Ausbildung zur Wiederbelebung erhalten oder fürchten sich, sie anzuwenden. Bis dann qualifizierte Hilfe eintrifft, ist die Vier-Minuten-Grenze, innerhalb der das Gehirn überleben kann, überschritten. Vielleicht müssen wir unsere Aufmerksamkeit etwas mehr auf die außerklinische Phase lenken und uns mehr auf die Ausbildung und Belehrung der Bevölkerung konzentrieren.

Leben nach dem Tod

Erst seit kurzer Zeit gibt es eine ausreichende Anzahl von Überlebenden des klinischen Todes, die eine Vergleichsanalyse wert wären. Diese neuen Erfahrungen erregten das derzeitige Interesse am Leben nach dem Tod.

Unglücklicherweise berichten nur etwa zwanzig Prozent der wiederbelebten Personen von einer während des klinischen Todes außerhalb des Körpers gemachten Erfahrung. Andere lehnen es vielleicht ab, von solchen Erfahrungen zu berichten, besonders dann, wenn sie im Laufe ihrer Erfahrung in die Hölle gesandt wurden. Manche Menschen schrecken davor zurück, ihre persönlichen Erlebnisse zu erörtern, weil sie befürchten, als „überdreht" abgestempelt oder von ihren Freunden gemieden zu werden.

Wird jedoch das Thema „Leben nach dem Tod" erst einmal freizügig erörtert, so tritt an die Stelle der Furcht vor Ablehnung oft ein verbindendes Mitfühlen dadurch, daß man sich anderen anvertraut, die ähnliche Erfahrungen durchlebten. Sobald die Bedingungen für eine Erörterung günstiger sind, wird man mit einer weiteren Häufung der Berichte vom Leben nach dem Tod rechnen können. Die Möglichkeit der Wiederbelebung hat uns die Tür zu diesem Korridor, den wir Tod nennen, geöffnet; sie läßt uns durch die Augen anderer einen Blick auf das werfen, was uns selbst bevorstehen könnte.

Zusammenfassend möchte ich die Schritte zur Wiederbelebung in Notfällen aufzählen, die anzuwenden sind, bis Hilfe eintrifft:

1. Stellen Sie zunächst die Bewußtlosigkeit fest.
2. Machen Sie die Atemwege frei, indem Sie den Kopf zurückbeugen, und prüfen Sie, ob Atmung vorhanden ist.
3. Geben Sie schnell vier Atemstöße, falls die Atmung ausgesetzt hat.
4. Prüfen Sie den Puls am Hals.
5. Ist kein Puls vorhanden, so beginnen Sie mit der externen Herzmassage, indem Sie rhythmisch vier bis fünf Zentimeter tief die untere Hälfte des Brustbeins eindrücken.
6. Fahren Sie ohne Unterbrechung mit der Herz-Lungen-Wiederbelebung fort (jeweils nach fünfzehn

Ins Leben zurück

Druckbewegungen zweimal Atemspende), bis qualifizierte Unterstützung eintrifft.

Ich möchte Ihnen nochmals nahelegen, einen Kurs bei der American Heart Association* oder dem Roten Kreuz zu besuchen, um Vertrauen in Ihre eigene Fähigkeit, Wiederlebungsmethoden anzuwenden, zu entwickeln.

*In Deutschland: Arbeiter-Samariter-Bund, Johanniter-Unfallhilfe etc.

3. Kapitel:
Daran könnten Sie sterben

Eines der Hauptanliegen des Arztes ist es, den Patienten zu einem Verständnis der häufigsten Todesursachen zu verhelfen.

Die Krankheit, die Charles befiel (den achtundvierzigjährigen Postbeamten, der offensichtlich einen „Besuch" in der Hölle machte), könnte auch jederzeit jeden von uns treffen. Haben Sie sich angesichts der Tatsache, daß man so anfällig gegen viele unerwartete Krankheiten und Unfälle ist, noch nicht gefragt, was eigentlich die Ursache für Ihren eigenen Tod sein wird? Dieses Thema möchte ich kurz ansprechen und mich besonders auf die Herzkrankheiten konzentrieren, da hier die häufigsten Todesursachen zu finden sind.

Die häufigste Todesursache

Was wird höchstwahrscheinlich die Ursache Ihres Todes werden? Es sterben mehr Menschen an Arteriosklerose (Arterienverkalkung) als an allen anderen Krankheiten zusammengenommen! Sie ist die Hauptbedrohung unserer Existenz. Das Risiko, an einem durch Arterienverhärtung bewirkten Zustand, wie etwa Herzinfarkt, Gehirnschlag, Gangrän in den Beinen oder irgendeiner anderen Krankheitsform verengter Arterien zu sterben, ist für Sie und mich erheblich höher, als durch Krebs, einen

Autounfall, Infektionen oder andere Krankheiten ums Leben zu kommen.

Es ist erwiesen, daß jeweils einer von drei Männern über fünfundvierzig Jahren in den Vereinigten Staaten einmal in seinem Leben einen Herzinfarkt haben wird. „Man ist so alt wie seine Arterien", könnte man sagen, da die Lebenszeit des Menschen oft durch das Alter und den Zustand dieser Gefäße beschränkt wird.

Könnte man das Phänomen der Arterienverhärtung vom Alterungsprozeß ausschließen, so würde der Mensch vielleicht wieder an das Lebensalter Methusalems herankommen. Unglücklicherweise wird die Lebenslänge noch immer durch diesen Krankheitsprozeß beschränkt, für den so wenige Vorbeugungsmöglichkeiten entdeckt wurden. In der Zwischenzeit hat sich die Aussicht auf Lebensverlängerung, was die meisten anderen Krankheiten betrifft, ständig verbessert.

Arteriosklerose bedeutet eine fortschreitende Verengung der lichten Weite der Arterien, bedingt durch die Ablagerung von organischen Fettsubstanzen und Kalziumsalzen auf der Innenwand. Diese chemischen Substanzen lagern sich besonders dann ab, wenn sie in großer Menge im Blutstrom vorhanden sind. Sie sind chemisch identisch mit den Materialien, die man besonders in unseren üppigen Nahrungsmitteln vorfindet. Wir nehmen übermäßige Mengen von organischen Fetten und Mineralsalzen in unseren Blutstrom auf, die sich dann in unseren Arterien absetzen und sie „verkalken" lassen.

Daran könnten Sie sterben

Einige wichtige Begriffe

Das in unseren Arterien angesammelte Material kann sich so verdicken, daß es die Arterienöffnung blockiert oder die glatte, besonders weiche Oberfläche in unseren Arterien aufrauht, was wiederum die Bildung von Klumpen oder Blockierungen ermöglicht. Der Rückgang der Gefäßweite bewirkt, daß weniger Blut in die Körperteile fließt, die von der befallenen Arterie versorgt werden. Völlige Blockierung oder „Okklusion" hat das Absterben des betreffenden Körperteils oder Organs zur Folge; besonders dann, wenn dieser Bereich nicht hilfsweise von anderen Arterien versorgt wird.

Solche Blockierungen treten häufig im Herzen oder Gehirn auf. Besteht die Okklusion aus einem Klumpen, so nennt man sie Thrombose. Wenn Gewebe abstirbt, so sprechen wir von einem Infarkt. Dieser Prozeß der Arterienverkalkung kann überall im Körper auftreten und Augeninfarkt (örtlich bedingte Blindheit), Niereninfarkt (Blut im Urin), Myokardinfarkt (Herzinfarkt), Cerebralinfarkt (Gehirnschlag) usw. verursachen.

Die infarktierte Partie des Organs stirbt ab und läuft, wie vom Hammer getroffen, blau-schwarz an. Das abgestorbene Gewebe wird weich und breiig, wird aber schließlich, wenn der Heilungsprozeß einsetzt, durch krustiges Narbengewebe oder faseriges Gewebe ersetzt. Meistens setzt die Heilung im Körper durch die Bildung von Narbengewebe ein. Daher verordnen wir unseren Patienten mit Herzinfarkt Bettruhe, bis sich der infarktierte, aufgeweichte Bereich der Herzwand durch Narbengewebe erneuert hat.

Bei verfrühter Aktivität kann sich durch die Überanstrengung des Herzens eine Ausbuchtung (Aneurisma) bilden; oder, was noch schlimmer ist, die erweichte Stelle kann „platzen" – wie die schadhafte Stelle eines Autoreifens. Durch solch einen Durchbruch entstehen massive Blutungen im Brustkorb, die gewöhnlich den sofortigen Tod zur Folge haben. Andere Komplikationen, die mit noch größerer Wahrscheinlichkeit in dieser akuten Phase des Herzinfarkts auftreten, sind unter anderem Herzrhythmusstörungen, Schock und Herzversagen.

Da die Herzwand ein sehr dicker Muskel ist, kann sie von dem Blut, das sie pumpt, nicht in angemessener Weise versorgt werden. Daher hat das Herz, wie die meisten anderen Organe des Körpers, sein eigenes System kleiner, bleistiftgroßer Arterien, die sich wie ein Kranz oder eine „Korona"* über die Oberfläche erstrecken – daher der Name Koronararterien. Wie schon erwähnt, kann sich jeder Zweig dieser Herzkranzgefäße durch Fett- und Kalkablagerungen verhärten und verengen; die Weite vermindert sich, und die glatte Innenfläche wird aufgerauht – die innere Auskleidung der Arterie verdickt sich. Zuviel Sport, wodurch das Herz so stark beschleunigt wird, daß die verengte Arterie nicht mehr in der Lage ist, das Blut zu transportieren, bewirkt dann ein Gefühl der Beklemmung in der Brust, die „Angina pectoris". Falls die aufgerauhte Oberfläche der Arterie zu einer Blockierung oder Okklusion führt, kommt es zu einem Herzanfall, der eine anhaltende, schwere Beklemmung oder ein „drük-

---

*lat.: Kranz, Krone.

kendes", unangenehmes Gefühl in der Brust hervorruft, das der Patient gewöhnlich eher als eine Art Unwohlsein beschreibt, nicht als Schmerz. Der Schmerz ist fast nie in der linken Partie des Brustkorbs oder über dem Herzen selbst anzutreffen und auch, entgegen der volkstümlichen Meinung, niemals „stechend". Merkwürdigerweise treten die meisten Herzanfälle auf, während das Opfer ruht.

Der Grad der Arterienverkalkung kann sehr leicht und schmerzlos durch die sogenannte Koronarographie sichtbar gemacht werden. Hierbei wird eine kleine Hohlröhre (Katheter) in die Bein-(femorale)Arterie in der Leiste oder die Arm-(brachiale)Arterie vor dem Ellbogen eingeführt. Durch eine Nadel, die in die Arterie gesteckt wird, wird die Röhre eingeführt und schmerzlos in den Arterien bis zu dem Punkt vorgeschoben, an dem die speziellen Koronararterien entspringen, die die Herzwand versorgen.

Da beim Röntgen gewöhnlich alle Arterien unsichtbar bleiben, werden durch den Katheter besondere Lösungen in die Koronararterien eingespritzt, um sie sichtbar zu machen. Die Koronararterien werden als große, elastische, wurmförmige Strukturen wahrgenommen. Sind sie krank oder verhärtet, so sehen die verengten Bereiche aus, als hätte man ein Gummiband um sie geschlungen. Fast überall im Körper kann man die Blutgefäße in gleicher Weise sichtbar machen.

Die Koronarographie ist eine Prozedur, die bei einigen Patienten angewandt wird, um ihren Brustschmerzen auf den Grund zu gehen. Sie wird auch bei Patienten angewandt, die aufgrund ihrer Herzschmerzen arbeitsunfähig sind, um festzustellen, ob man ihnen durch eine operative Umleitung helfen kann. Bei dieser Operation wird eine nicht benötigte Vene von einem anderen Teil des Körpers entfernt, um als Arterie zu dienen. Diese Vene wird am Anfang und Ende der verengten Koronararterie angeschlossen; daher der Name „Koronarumleitung".

Auf die Nahrung kommt es an

Aus Bevölkerungsstudien geht hervor, daß in allen Ländern eine enge Beziehung zwischen den nationalen Eßgewohnheiten und der Häufigkeit von Arterienverkalkung besteht. In den Vereinigten Staaten zum Beispiel treten Herzinfarkte, Gehirnschläge und diabetisches Gangrän besonders häufig auf. Hierbei werden die Vereinigten Staaten allerdings noch von den Niederlanden und Finnland übertroffen, die an erster Stelle in der Welt stehen.

Es ist interessant, daß während des Zweiten Weltkriegs, als die Deutschen die Niederlande besetzt hatten und die konfiszierten Milchprodukte nach Deutschland sandten, Holland nicht länger führend in bezug auf Arterienverkalkung war. Jetzt waren es die Vereinigten Staaten! Dann nahm jedoch Holland – wie Sie sich schon denken können – nachdem es am Ende des Zweiten Weltkriegs wieder frei wurde, langsam auch wieder seine führende Stellung in der Welt bezüglich der Häufigkeit von Herzanfällen, Gehirnschlägen und anderen durch Arterienverkalkung bewirkten Krankheiten ein.

Daran könnten Sie sterben

Während ich kürzlich mit dem „Amerikanischen Ärztekolleg" eine Vortragsreise nach Finnland unternahm, wurde ich indirekt – als Repräsentant der American Heart Association – in einer Serie plötzlicher, unerklärter Todesfälle in einer der weit östlich gelegenen Städte Finnlands namens „Joensuu", d. h. „Flußmündung", hineingezogen. Es schien so, als ob junge und alte Menschen gleichermaßen, zu Hause oder auf der Straße, an Herzstillstand starben – hauptsächlich in Form des Herzkammerflimmerns. Es konnte offensichtlich keine Ursache gefunden werden – sie fielen einfach tot um. Da die Öffentlichkeit dort mehrheitlich nicht in Wiederbelebungsmaßnahmen bei Notfällen unterwiesen worden war, überlebte keiner, der außerhalb eines Krankenhauses betroffen wurde.

Nach unserer Abreise sorgten wir dafür, daß ein Forschungsteam der Weltgesundheitsorganisation dort eingesetzt wurde, um herauszufinden, ob diese Epidemie von Herzkrankheiten auf spezielle Nahrungs- oder Rauchgewohnheiten zurückzuführen sei oder auf die Spannung durch die Nähe der russischen Grenze, den umweltbedingten Lebensstil oder irgendeinen anderen Faktor. Die Antwort steht noch aus.

Soviel wissen wir jedoch schon, daß die Herzen der Opfer zwar von normaler Größe zu sein schienen, aber mit Fett bedeckt waren. Weiche Fettablagerungen verengten auch die lichte Weite der Koronararterien. Die Ablagerungen in den Arterien glichen gewöhnlicher Zahnpasta und konnten mit dem Daumennagel entfernt werden. Diese weiche Phase im Frühstadium der Arterienverkalkung steht in bemerkenswertem Gegensatz zu den Fällen fortgeschrittener Arterienverhärtung, die wir gewöhnlich bei älteren Personen feststellen können, wenn die Verkalkung eingetreten ist. Durch die Verkalkung wird aus der weichen „Zahnpasta", eine harte und nicht mehr entfernbare „Eierschale", wodurch sich dann die Arterie hart anfühlt.

Die „weiche" Phase der Arterienverkalkung könnte, wie man sieht, eine frühe und behebbare Phase der Krankheit darstellen. Hiervon scheinen auch junge Leute mit einer unglaublichen Häufigkeitsrate betroffen zu sein. Das ist nicht nur in Holland und Finnland der Fall. Man findet es auch bei unseren eigenen jungen Leuten in Amerika.

So fand zum Beispiel während des Koreakrieges eine aufschlußreiche Studie statt, bei der die einberufenen und körperlich tüchtigsten jungen Männer untersucht wurden. Bei dreihundert dieser jungen Männer, die auf dem Kriegsschauplatz ums Leben gekommen waren – im Durchschnitt zweiundzwanzig Jahre alt – zeigte es sich in der Autopsie, daß schon bei siebenunddreißig Prozent dieses koronare „Zahnpasta"-Phänomen eingetreten war. Wenn das sogar bei unseren körperlich bestkonditioniertesten Soldaten der Fall war, so hatten es sicher auch unsere jungen Männer zu Hause.

Das bedeutet, daß auch Sie und ich davon befallen sind! Ein Mann wird nicht plötzlich, im Alter von fünfundvierzig der eine von drei Männern, bei dem schließlich ein Herzinfarkt eintritt. Man bemerkt auch nicht plötzlich

Daran könnten Sie sterben

diese drückenden Schmerzen in der Brust, die oft Vorboten eines Herzinfarkts sind. Hier sind auch Frauen nicht ausgeschlossen. Wer über das Alter der Menopause hinaus ist, hat seine Immunität verloren. Wenn der Altersprozeß fortschreitet und die Eierstöcke ihre Funktion einstellen, egalisiert sich die 7:1-Rate für Herzanfälle im Vergleich zwischen Männern und Frauen.

Bevölkerungsstudien in anderen Ländern unterstützen diese Ergebnisse ebenfalls. Während ich vor einigen Jahren mit einer Gruppe von Ärzten des „American College of Cardiology" den Orient besuchte, wollten wir gerne die Herzstationen besichtigen. Es gab keine. Anstelle von Herzkrankheiten war hier die häufigste Todesursache Magenkrebs. Herzinfarkte und durch Arterienverkalkung hervorgerufene Krankheiten waren rar. Wir waren nicht sicher, ob das auf den Reiskonsum oder die orientalischen Vorfahren zurückzuführen ist. Die Antwort bekamen wir von einer anderen Ärztegruppe, die Forschungen im Chinesenviertel von San Francisco anstellte. Es wurden sorgfältige Aufzeichnungen über die Häufigkeit von Herzinfarkten bei der ersten Generation der Immigranten angefertigt. Dann wurden sie mit der Häufigkeitsrate bei der zweiten und dritten Generation reinrassiger Chinesen verglichen. Bei der dritten Generation stieg die Häufigkeit rapide an und kam der in den Vereinigten Staaten angetroffenen Rate gleich.

Die abgelagerten Substanzen in verhärteten Arterien weisen dieselben Bestandteile an Fett und Mineralien auf, wie sie in unseren „besseren" Nahrungsmitteln zu finden sind. Dies gilt besonders für fetthaltige Nahrungsmittel,

Nahrung aus dem Meer und Produkte mit tierischen Fetten, wie z. B. Butter, Sahne, Käse, fettes Fleisch, Speiseöl, Backfett, Eigelb, Krabben und Hummer. Der „Wohlstandsmensch", der genug Einkommen hat, um sich das „schöne Leben" (wenn es das ist) leisten zu können, ist davon am meisten betroffen. Wie man schon erwarten kann, ist der Büroarbeiter für Herzanfälle und Gehirnschläge anfälliger als der Schwerarbeiter. Ob es hier am Unterschied in der körperlichen Aktivität oder der Nahrung liegt, ist noch nicht sicher, obwohl es sich wahrscheinlich um beides handelt.

Hühner bekommen selten Herzinfarkte, es sei denn daß man ihnen Butter (oder andere Nahrungsmittel mit hohem Cholesteringehalt) in ihr tägliches Futter mischt. Selbst das eigene Eigelb des Huhns könnte so etwas bewirken. Wenn die verantwortlichen Fettsubstanzen (Cholesterin und Triglyzeride) wieder rechtzeitig aus der Nahrung der Hühner entfernt werden, bevor sich die Herzinfarkte anbahnen, scheinen die zahnpastaähnlichen Substanzen in den Koronararterien wieder abgebaut zu werden und im Blutstrom zu verschwinden; es treten keine Herzinfarkte mehr auf. Auf der anderen Seite erwies sich das fortgeschrittene „Eierschalen"-Stadium der Arterienverkalkung, wie es bei den meisten von uns, die über fünfundvierzig sind, anzutreffen ist, als nicht abbaubar oder korrigierbar durch die Verminderung von Fettprodukten in unserer Nahrung.

Arterienverkalkung scheint daher der Hauptbegrenzungsfaktor unserer Lebenslänge zu sein – und bei weitem die wahrscheinlichste Ursache für Ihren und meinen Tod.

Daran könnten Sie sterben

Sie haben es sicher schon tausendmal gehört – aber wenn Sie ernsthaft beabsichtigen, ein hohes Lebensalter zu erreichen, dann hüten Sie sich vor

- Zigaretten
- Nahrung mit vielen tierischen Fetten und viel Cholesterin
- Übergewicht
- zu wenig Sport

und sehen Sie sich vor bei

- Zuckerkrankheit
- hohem Blutdruck
- Schmerzen im Brustkorb.

Es wird so oft gesagt: Sie haben die Wahl. Sie können jetzt bezahlen – oder später!

4. Kapitel:
Der Tod in der menschlichen Vorstellung

In der gesamten Menschheitsgeschichte gab es Vorstellungen über das Leben nach dem Tode; aber bis vor kurzem blieben alle Einzelheiten dieses Lebens ein Geheimnis. Schon von Anfang an war es ein Menschheitstraum gewesen, einmal einen Blick in die Zukunft zu werfen. Und nun wurden, zu unserer Lebenszeit, ergiebige Schilderungen eines Lebens nach dem Tode verfügbar.

Doch selbst mit diesen Beschreibungen kann man den Übergang in den Tod nicht ohne weiteres verstehen. Als Gegensatz zur Geburt, als offensichtliche Auflösung eines Etwas in ein Nichts, widerstrebt der Tod jeder einfachen Definition.

Was ist der Tod? Was ist dieses Geheimnis, das doch für uns alle sichtbar ist und dennoch unergründet bleibt, ja, das von unseren größten wissenschaftlichen Geistern nicht verstanden werden kann?

Sowohl über den Vorgang des Todes, wie auch über die Stadien des Todes kann man diskutieren. Ebenso läßt sich darüber diskutieren, zu welcher Zeit wir uns entscheiden, unsere Anstrengungen zur Heilung des Menschen einzustellen. Man sagt, daß der klinische Tod eintritt, wenn das Herz stillsteht und die Atmung aussetzt; der biologische (unwiderrufliche) Tod tritt ein, wenn das gesamte Gewebe zur Funktionsunfähigkeit degeneriert ist. Gesetzlich tritt der Tod ein, wenn der Körper nicht mehr auf angemessene Wiederbelebungsversuche reagiert. Obwohl der biologische Tod als das Ende aller Existenz erscheinen könnte, hat es dem Menschen die Erwartung der Unsterblichkeit schon seit Anbeginn der Zeiten in besonderer Weise angetan.

Natürlich sind wissenschaftliche Belege für die dokumentierte Existenz eines Lebens nach dem Tode unmöglich, wenn wir nicht Fälle vorweisen können, bei denen die Auferstehung aus dem biologischen Tod stattgefunden hat; d. h. nachdem der Gewebeverfall eingetreten war. Meines Wissens geschah das seit den Tagen der Bibel nicht mehr. Dort brachte Elia den Sohn der Witwe ins Leben zurück (1. Kön. 17, 17–24) und später den der Sunamitin (2. Kön. 4, 32), und dann wurde der Mann am Grab des Elisa lebendig (2. Kön. 13, 21). Im Neuen Testament erweckte Jesus selbst drei Personen: Die Tochter des Jairus (Markus 5, 21–24), den Sohn der Witwe von Nain (Lukas 7, 11–15) und Lazarus (Johannes 11, 1–44). Bekanntlich ist die Auferstehung Jesu selbst, nachdem er drei Tage tot gewesen war, der Anlaß unseres Osterfestes.

So sollte man vielleicht nach einer biblischen Definition des Todes suchen. Eine solche Definition ist, daß der Leib tot ist, wenn der Geist ihn verläßt: „Denn gleichwie der Leib ohne Geist tot ist, ..." (Jakobus 2, 26).

Es gibt viele Beschreibungen, die auf eine Trennung des Geistes vom Körper sofort beim Eintritt des Todes schließen lassen, wobei der Geist später, im Falle der Wiederbelebung, wieder in den Körper zurückkehrt. Hier nun ein erster, typischer Bericht eines solchen Erlebnisses jenseits des Todes:

Der Tod in der menschlichen Vorstellung

„Ich erinnere mich, kopfüber meinen Körper verlassen zu haben und zunächst in eine Ecke des Raumes geschwebt zu sein. Meine Frau hat geweint, und ich versuchte, ihr zu sagen, sie solle doch zu mir herschauen – es ginge mir gut. Aber sie sah mich gar nicht an. Niemand bemerkte mich. Ich ging an zwei Ärzten vorbei und schaute auf meinen eigenen Körper hinunter. Die Kleidung war vom Feuer verbrannt, und mein Gesicht war eine unkenntliche Masse verbrannter Haut, die sich abschälte.

Der Arzt sagte: „Ist die Maschine auf vierhundert aufgeladen?" und setzte dann zwei Metallscheiben auf meine Brust, die durch Kabel mit der Maschine verbunden waren. Ich sah, wie mein Körper hochsprang. Dann wußte ich plötzlich, daß ich in meinen Körper zurückgekehrt war. Ich fühlte einen Schmerz, wie wenn mir ein Maultier vor die Brust getreten hätte. Dieses Leben war ohne Frage schlimmer als das andere. Ich kann mich noch an jedes Detail erinnern."*

Der Glaube an ein Leben über das Grab hinaus ist fast allen Kulturen gemeinsam. Betrachtet man die Menschheitsgeschichte, so ist es nahezu unmöglich, ein Volk zu finden, das keinen Glauben an irgendeine Form der Existenz nach dem Tode hatte.

Die Heilige Schrift sagt, daß Gott dem Menschen bei der Schöpfung einen Sinn für die Ewigkeit ins Herz legte:

---

* Die Berichte, die hier und anderswo im Buch und besonders in Kapitel 6 und 7 nicht durch Fußnoten gekennzeichnet sind, stammen aus Befragungen wiederbelebter Patienten, die von mir selbst oder einem meiner Kollegen durchgeführt wurden.

„...auch hat er die Ewigkeit in ihr Herz gelegt; ... (Prediger 3, 11). Diese Hoffnung auf die Unsterblichkeit wirkt als Heimattrieb, der so tief verwurzelt ist, daß er den Menschen zu allen Zeiten dazu brachte, seinen Schöpfer zu suchen; vielleicht gerade so, wie die Wandervögel, Wale und andere Tiere durch ihr „Heimkehrvermögen" dazu gebracht werden, genau den für sie vorgesehenen Zufluchtsort aufzusuchen.

Die vorbiblische Zeit

Der Glaube an ein Leben nach dem Tod wurde schon vor Tausenden von Jahren auf verschiedene Weise ausgedrückt. Frühere Kulturen begruben ihre Toten mit Blumen, vielleicht, weil sie den Tod als eine Feier begingen, – etwa als ein Übergang von dieser Welt in die nächste. Auch begruben sie ihre Toten mit Kriegswaffen oder Nahrung oder anderen Vorräten für das nächste Leben.

Das Ägyptische Totenbuch ist eine außergewöhnliche Sammlung von Gebeten und Formeln – ein Leitfaden für die nächste Welt. Die Ägypter waren offensichtlich die erste Kultur, die die Unsterblichkeit der Seele lehrte. Die Leichname wurden sorgfältig hergerichtet, gekleidet und einbalsamiert; ihre persönlichen Schmuckgegenstände, Körperpflegeartikel, Waffen, Werkzeuge sowie Geschirr mit Speisen und Getränken wurden ihnen ins Grab mitgegeben. Man ging davon aus, daß das Leben nach dem Tode gleichermaßen der Versorgung bedurfte, wie es gegenwärtig notwendig ist – durch essen und trinken.

Der Tod in der menschlichen Vorstellung

Das Grab repräsentierte das zukünftige Heim. Je höher der irdische Rang, desto größer das Grab. Die großen Pyramiden der Pharaonen, ein Weltwunder, existieren noch heute als eindrucksvolles Denkmal des Glaubens an ein Leben nach dem Tode im Altertum. Die Gräber, in denen sie begraben wurden, sind mehr als tausend Jahre älter als die im Ägyptischen Totenbuch aufgezeichneten Inschriften, die selbst auf etwa 2500 v. Chr. datiert werden. Die Ägypter betrachteten den Tod – wie die überwältigende Mehrheit der Menschen durch die ganze Geschichte hindurch – als eine Unterbrechung des Lebens und nicht als das Ende.

Das Tibetanische Totenbuch stellt das Leben nach dem Tod so dar, wie es sich die Orientalen vor vielen Jahrhunderten vorstellten. Diese Glaubenssätze wurden offenbar erst im achten Jahrhundert n. Chr. in Buchform aufgezeichnet. Das Buch beschreibt die Kunst des Sterbens und enthält ausführliche Beschreibungen verschiedener Stadien, die die Seele nach dem physischen Tod durchläuft. Gemäß dieser tibetanischen Aufzeichnung erlebt der Mensch zum Zeitpunkt seines Todes, daß er seinen toten Körper verläßt, der durch einen „Strahlen-Körper" ersetzt wird, mit dem man widerstandslos durch Objekte und Wände hindurchgehen kann. Die Fortbewegung erfolgt ohne Zeitverlust. Zunächst nimmt er seine Freunde und Verwandten wahr, die seinen Tod beklagen und seinen Leichnam für das Begräbnis bereiten. In diesem neuen Zustand der befreiten Seele sind seine Sinne geschärft und intensiviert; vielleicht begegnet er anderen geistlichen Wesen, oder er begegnet einem „klaren Licht", das in ihm ein immenses Gefühl von Frieden und Zufriedenheit hervorruft. Gleichwohl wird er schließlich gerichtet und verurteilt – auf Grund dessen, was er während seiner physischen Existenz getan hat. Noch andere „Reisen" der Seele und andere Stadien des Todes werden in diesem Buch erörtert.

Die Babylonier hatten ebenfalls Vorstellungen von einer Existenz, die über das Grab hinausgeht. Sie glaubten an die Auferstehung der Toten, einschließlich Gericht und Bestrafung. Auch sie begruben ihre Toten mit Behältern für Nahrungsmittel und Getränke. Die Männer wurden mit ihren Werkzeugen begraben; die Frauen mit ihren Kämmen und Kosmetikartikeln.

Die Perser glaubten, daß die Seele, nachdem sie den Körper verlassen habe, die „Brücke des Sammlers" überquere, wo die Geister des Guten und des Bösen drei Tage lang um sie kämpften. Gewänne der gute Geist, so komme der Mensch durch zum „Boot der Lieder"; gewänne der böse Geist, so falle er in den Abgrund des „Höllenhauses".

Die Griechen leisteten einen größeren Beitrag in der Welt des Denkens als nahezu alle anderen Kulturen. Sie glaubten, daß der Tod nur das sterbliche Ende des Körpers sei, und die Seele unsterblich bliebe. Der griechische Poet Findas glaubte, daß einige Seelen als weise Männer zur Erde zurückkehrten. Der griechische Philosoph Plato lehrte, daß sich die Seele beim Tod vom Körper scheidet und, da sie nun vom Körper befreit ist, sich mit anderen abgeschiedenen Geistern trifft und redet – gewöhnlich mit Freunden und Verwandten. Er glaubte, daß dies gewöhn-

Der Tod in der menschlichen Vorstellung

lich in einer schillernden Umgebung stattfinde, die die Seele am Ende verlassen müßte, um vor Gericht zu stehen. Hier würden dann alle Dinge offenbar werden, die man getan habe.

Ähnliche Gedanken schildert auch Sokrates, der berühmte Philosoph aus Athen. Als sein eigener Tod bevorstand, war er überzeugt, daß seine Seele „zu jenem Ort aufbrechen werde, der, wie sie selbst, unsichtbar, göttlich, unsterblich und voller Weisheit sei und wo sie wahrhaftig die verbleibende Zeit mit Gott verbringen werde". Als man ihn fragte, ob er begraben werden wolle, gebrauchte Sokrates die unsterblichen Worte: „Begrabt mich, wenn ihr mich fangen könnt" – womit er andeutete, daß er dann nicht länger in seinem Körper wohnen würde.

In „Der Staat" beschreibt Plato, wie „Er", ein im Krieg gefallener griechischer Soldat, seinen eigenen Körper sah, der gerade bei einer Feuerbestattung verbrannt werden sollte. „Er" erkannte, daß seine Seele den Körper verlassen hatte. Dann fand er sich an einem Ort wieder, wo Schranken oder Öffnungen zum jenseitigen Leben führten. An diesen Öffnungen wurden die Seelen verhört und von göttlichen Wesen gerichtet, nachdem zuerst alle irdischen Begebenheiten, die während des Lebens stattgefunden hatten, rückblickend betrachtet worden waren. Bei einigen Geistern traf es sich dann, daß die Lichtsäule den Eingang zum Himmel beleuchtete; bei anderen traf es sich, daß sie in die Hölle geworfen wurden. „Er" jedoch wurde zu dieser Zeit nicht gerichtet, sondern in seinen physischen Leib zurückgesandt. „Er" wachte auf dem Scheiterhaufen auf, konnte ihn jedoch verlassen und war in der Lage, diese erstaunliche Geschichte zu erzählen. Plato ermahnt dann seine Leser: „Daher ist mein Rat, daß wir beständig am himmlischen Weg festhalten und nach Gerechtigkeit und Tugend trachten und ständig bedenken, daß die Seele unsterblich ist und es sein kann, daß ihr alle Art des Guten und alle Art des Schlechten widerfährt."

Thukydides, ein Zeitgenosse Platos aus Griechenland, schrieb die Geschichte des Peloponnesischen Krieges. Er schließt dort eine Rede ein, die Perikles als Laudatio für die Soldaten Athens hielt, die während der ersten Kriegshandlungen gefallen waren. Dort findet die Unsterblichkeit keine Erwähnung. Stattdessen wird angedeutet, daß das persönliche Opfer für den Staat dem Soldaten eine Art „Weiterleben" verleiht. Das Wohl des Staates war Zweck der Existenz.

Eine ähnliche Doktrin wird heute in den kommunistischen Ländern gelehrt. Man kann täglich Leute aus dem sowjetischen Volk beobachten, die sich an Lenins Grab, das direkt vor den Kremlmauern zu finden ist, anstellen, um ihren Gründer zu betrachten, den „Gott", den sie anscheinend anbeten. Der Leichnam ist so gut erhalten, daß Lenin wirklich so aussieht, als könnte er jeden Moment wieder zum Leben kommen und zu atmen beginnen – ein befremdender Gedanke. Man berichtet vom Leichnam Mao Tse-Tungs ebenfalls, daß er für das chiniesische Volk in ähnlicher Weise bewahrt werde.

Der Tod in der menschlichen Vorstellung

Andere Meinungen

Glaubenssätze anderer Kulturen über das Leben nach dem Tod haben viele Ähnlichkeiten. Manche Stämme in Zentralafrika glauben an eine geistliche Existenz nach dem Tod. Die Witwe verlegt ihre Wohnung dort oft in die Nähe des Grabes, um den abgeschiedenen Geist ihres Mannes zu „bewachen". Die Indianer taten es einst den Ägyptern gleich, was ihren Glauben an das jenseitige Leben betraf. Sie begruben ihre Toten in besonderen Hügeln mit Pfeil und Bogen, die sie in den „ewigen Jagdgründen" im nächsten Leben gebrauchen sollten. Der Hindu glaubt an eine Art von Himmel, wo es an den Flußufern Perlen und Juwelen gibt und Blumen und Musik und Lachen und Glück im Überfluß vorhanden sind. Der Buddhist beschreibt in einigen Gruppierungen den Tod als wunderschönes Paradies. Die Glückseligkeit ist umfassend, die Länge des Lebens ist unermeßlich, und die Bezeichnung „Hölle" ist unbekannt. Völlige Selbstaufgabe führt zum Heil, und dieser Zustand wird durch eine Reihe von Reinkarnationen erreicht. Die Mohammedaner glauben an ein jenseitiges Leben, dessen Paradies alles in dieser Welt Dagewesene übertrifft. Sie glauben, daß es ein Ort voller Luxus und Genuß sein wird, der nur denen verheißen ist, die Allah nachfolgen.

Um diesen nahezu universellen Glauben an die Unsterblichkeit zusammenzufassen, möchte ich Marcus Porcius Cato zitieren, der vor der Zeit Christi lebte:

So muß es sein, Plato, du überlegst es wohl;
denn woher sonst die Hoffnung, die so freudig?

Solch kühner Wunsch –
die Sehnsucht nach Unsterblichkeit.
O, woher das geheimnisvolle Drohen, inn'rer Schrecken,
ins Nichts zu fallen!
Warum will die Seele
zurück sich schleichen, schreckend vor Zerstörung?
Es ist die Göttlichkeit, die in uns wohnt:
Der Himmel selbst, er deutet uns das Jenseits
und machet Mensch und Ewigkeit vertraut.

Die christliche Ära

Die Geburt Christi hinterließ einen Einschnitt in unserem Kalender, und ebenso auch in der Geschichte und den philosophischen Erwägungen. Die christliche Vorstellung von Tod und Unsterblichkeit findet zwar auch Parallelen im Altertum, trägt jedoch das fehlende Glied zu der Kette bei: daß sich der Schöpfer seiner Schöpfung in menschlicher Form offenbart.

Etwa um 177 n. Chr. predigte Irenäus, der Bischof von Lyon in Gallien, daß die Seele nach ihrer Trennung vom Körper durch den Tod weiterexistiere. Er bezog sich auf das Neue Testament und lehrte, daß der ganze Mensch aus Leib, Seele und Geist bestehe.

Im „Phoenix", einem im vierten Jahrhundert von Lactantius verfaßten Gedicht, wird gesagt, daß der Mensch das Paradies aufgrund der Sünde verlassen mußte, aber durch die Verheißung der Auferstehung wieder hinein-

Der Tod in der menschlichen Vorstellung

kommen könne. Der Tod wird als die Trennung von Leib und Seele definiert, doch werden diese zwei Wesenheiten bei der Auferstehung wieder vereint. Gott, der Schöpfer der Seele, eröffnet nur einen einzigen Weg der Erlösung: durch Jesus Christus.

Die Mehrheit der modernen Christen geht von einer fundamentalen Lehre der Unsterblichkeit der Seele aus. In 2. Korinther 5, 6–9 lesen wir:

„... und wissen; solange wir im Leibe wohnen, wallen wir ferne vom Herrn; denn wir wandeln im Glauben und nicht im Schauen. Wir sind aber getrost und haben vielmehr Lust, außer dem Leibe zu wallen und daheim zu sein bei dem Herrn. Darum befleißigen wir uns auch, wir sind daheim oder wallen, daß wir ihm wohlgefallen."

Paulus bestätigte es den Philippern in ähnlicher Weise:

„Wenn aber das Leben im Fleisch mir dazu dient, mehr Frucht zu schaffen, so weiß ich nicht, was ich erwählen soll. Beides liegt mir hart an: ich habe Lust, abzuscheiden und bei Christus zu sein, was auch viel besser wäre" (Phil. 1, 22.23).

Es ist interessant, daß alle meine Patienten, die vom Übergang aus einem Leben in das andere berichteten – ob es nun gut oder schlecht war – verstorbenen Angehörigen an einem Ort der Scheidung begegneten, wo oft mit einer Schranke der Zutritt zu einer andauernden Seinsform verwehrt wurde. Das Licht, das sie sahen, war häufig die strahlende Umgebung, während es in anderen Fällen ein engelgleiches Wesen zu sein schien. Satanische Wesen wurden gewöhnlich nicht als leuchtend sondern als finster beschrieben. Natürlich müssen wir hier berücksichtigen, daß alle Beschreibungen, seien sie nun „gut" oder „schlecht", von den Patienten selbst abgegeben wurden und daher von ihrer Herkunft und Kultur beeinflußt worden waren. Wie wir das von ihnen Gesehene auslegen, wird auch von unserer Beziehung zur biblischen Wahrheit oder unserer persönlichen Glaubensvorstellung entscheidend beeinflußt.

Sehen und glauben

Paulus erläutert in der Heiligen Schrift, daß die Christen durch Jesus Christus von Sünde und Tod befreit worden sind:

„Denn ich habe Lust an Gottes Gesetz nach dem inwendigen Menschen; ich sehe aber ein ander Gesetz in meinen Gliedern, das da widerstreitet dem Gesetz in meinem Gemüte und nimmt mich gefangen in der Sünde Gesetz, welches ist in meinen Gliedern. Ich elender Mensch! Wer wird mich erlösen von dem Leibe dieses Todes? Ich danke Gott durch Jesus Christus, unsern Herrn" (Römer 7, 22–25).

Wenn wir als Christen durch Jesus Christus von der Sünde befreit wurden, warum ist dann der Tod für die meisten von uns etwas so Erschreckendes? Vielleicht ist es so, weil wir das gegenwärtige (menschliche, natürliche) Leben erfahren und seine Realität kennen, aber die

Der Tod in der menschlichen Vorstellung

Gegenwart eines anderen (übernatürlichen) Lebens bleibt ungesehen und unerprobt. Wir müssen es im Glauben annehmen – Glauben an die Verheißung Gottes in der Schrift. Solange wir nicht aus Gott geboren sind, können wir unmöglich ein solches Vertrauen erlangen.

Doch haben wir – genauso wie man ein Stück der Arche Noah fand, das dazu beiträgt, den biblischen Bericht von der Sintflut zu bestätigen – nun einige persönliche Berichte von Menschen zu unserer Verfügung, die gestorben sind, ins nächste Leben eingetreten sind und dann zurückkehrten und uns davon erzählten. Ihre Berichte stellen aufregende Offenbarungen dar! Nach diesen Berichten gibt es einen guten und einen schlechten Ort. Könnte es sein, daß die Heilige Schrift recht hat? Nehmen wir einmal an, die Bibel ist nicht nur ein Geschichtsbuch. Wenn die Bibel wahr ist, dann machte Jesus Christus diese Erfahrung als erster: Er kam durch die Auferstehung ins Leben zurück. Er kehrte aus dem vollendeten biologischen und unwiderruflichen Tod zurück!

Für die meisten von uns bedeutet sehen auch glauben. Gewöhnlich kaufen wir einen Artikel nicht, bevor wir ihn gesehen haben. Aber wir kaufen ihn wohl, wenn ihn schon einer unserer Freunde ausprobierte.

Wenn man mich also fragt, wie ich denn etwas vom Leben nach dem Tod wissen könne, obwohl ich doch noch nicht dort gewesen sei, gebe ich ihm die Antwort, die Dr. Ross H. Stover aus Philadelphia – in seinen Schriften über das Leben nach dem Tod – gibt: „Nein, da bin ich noch nicht selbst gewesen, aber ich habe einen sehr guten

Freund, der schon dort war – Jesus Christus. Und ich wiederhole nur, was mir mein Freund erzählte."

Zwei ungelöste Probleme

Auch über Geburt und Tod, die zwei unergründeten Geheimnisse, versucht der Mensch noch immer, die letzte Erkenntnis zu finden. In seinem Verständnis und seiner Erfahrung durch die eigenen fünf Sinne begrenzt, ist der Mensch im Vergleich zu Gott kaum besser dran als ein Insekt. Seine Welt existiert für ihn nur innerhalb eines kleinen Raumes in irgendeiner Richtung, und doch glaubt er, daß seine Meinung in jeder Hinsicht erleuchtet sei.

Das folgende Beispiel stammt nicht von einem meiner eigenen Patienten, sondern von einem, der von einem Arzt aus Kalifornien für kurze Zeit wiederbelebt wurde: „Niemand konnte sich denken, daß dieser Mann auf der Höhe des Erfolgs so niedergeschlagen war. Er sagte mir, er suche mehr als das, was das Leben anzubieten hätte. Ich habe ihn selbst nicht verstanden. Ich hätte zuhören sollen, denn an dem Abend wurde ich zu seinem Haus in Beverly Hills gerufen und fand ihn auf dem Boden mit einem Einschußloch im Mund. Er erlangte nochmals das Bewußtsein und sprach kurz auf Wiederbelebungsversuche an, bevor er starb. Ich fragte ihn, ob er Schmerzen hätte. Er schüttelte den Kopf – nein. Ich sagte ihm, daß wir versuchen würden, ihn zu retten. Er nickte zustimmend. Seine letzten Worte waren: „Ich habe Angst. Lassen Sie mich nicht zurück in

Der Tod in der menschlichen Vorstellung

die Hölle. Jetzt kann ich es sehen." Ich weiß nicht, was er sah."

Da wir nicht sehen können, wie der unsterbliche Geist beim Tod den Körper verläßt, nehmen wir an, es würde kein Geist existieren – denn unser eigenes Verständnis der Realität wird durch unsere fünf physischen Sinne beschränkt: was wir sehen, tasten, hören, riechen und schmecken können.

Der Bereich des Geistes: Einige Beobachtungen

Wenn wir etwas nicht sehen, sagen wir, es existiere nicht. Und selbst wenn wir etwas sehen, verstehen wir es vielleicht nicht: „Denn mit sehenden Augen sehen sie nicht, und mit hörenden Ohren hören sie nicht; und sie verstehen es auch nicht" (Matth. 13, 13). Dies war auch eines meiner eigenen Probleme.

Und doch erzählen uns viele Menschen, die im klinischen Tod gewesen sind, daß sie gesehen haben, wie sie sich tatsächlich in geistlicher Form von ihrem toten Leib trennten und sich dann wunderten, daß man nicht hören konnte, was sie zu uns sagten. Wie schon oben erwähnt, waren sie ganz bestürzt darüber, daß jeder im Zimmer auf den toten Körper blickte und nicht den „wirklichen" Menschen sehen konnte. Die „verstorbene" Person kann die Menschen im Zimmer sehen und hören, wird jedoch selbst weder gesehen noch gehört. Offensichtlich sind Sie und ich in unserem gegenwärtigen Leben „blind" für diese geistliche Welt.

Vielleicht nehmen wir deshalb an, wenn wir einen Leichnam sehen, daß die Person, die in diesem Körper wohnte, auch gestorben ist – obwohl eigentlich die „Person" aus dem Körper ausgezogen ist und ihn leblos zurückgelassen hat.

Salomo hat dieses Konzept, das die Gläubigen vom Tod haben, treffend beschrieben: „wenn der Körper zum Staub zurückkehrt und der Geist wieder zu Gott, der ihn gegeben hat" (Prediger 12, 7). Die Verwandlung der Raupe zum Schmetterling könnte ebenfalls als Beispiel für einen vollkommenen Übergang von einer Lebensform in die andere dienen – von etwas Gewöhnlichem zu etwas Erhabenem; von etwas Erdgebundenem zu etwas Ungebundenem.

Im 1. Buch Mose lesen wir, daß der Mensch aus Staub geschaffen wurde. „Da machte Gott der Herr den Menschen aus Erde vom Acker und blies ihm den Odem des Lebens in seine Nase. Und so ward der Mensch ein lebendiges Wesen" (1. Mose 2, 7). Daher stammt auch der – beim Begräbnis zu hörende – Spruch: „Asche zu Asche, Staub zu Staub."

Die Bibel hat viel über Herkunft und Ziel des Menschen zu sagen – Themen, zu denen die Wissenschaft keine Antworten finden kann. Der Körper altert und verfällt; er kehrt zum Staub zurück. Aber der Geist, der von Gott geschaffen wurde, lebt weiter. Der Prophet Daniel erwähnt die Wiederherstellung unserer Leiber – aus dem Staub – bei der Auferstehung: „Viele, die unter der Erde schlafen liegen, werden aufwachen, die einen zum ewigen

Der Tod in der menschlichen Vorstellung

Leben, die anderen zu ewiger Schmach und Schande. Und die da lehren, werden leuchten wie des Himmels Glanz, und die viele zu Gerechtigkeit weisen, wie die Sterne immer und ewiglich" (Daniel 12, 2.3).

Jesaja hatte eine ähnliche Botschaft über die Herkunft und das zweite Leben des Menschen. Von Gott aus dem Staub geformt, sollen wir wieder zum Staub zurückkehren, aber mit der Hoffnung:

„Deine (Gottes) Toten werden leben, deine Leichname werden auferstehen. Wachet auf und rühmet, die ihr liegt unter der Erde! Denn ein Tau der Lichter ist dein Tau ..." (Jesaja 26, 19).

Natürlich befassen sich diese Stellen mit der Trennung von Körper und Geist beim Tod und der späteren Auferstehung des Menschen – in neuer Form – wenn der Geist mit einem neuen Leib vereinigt wird, Paulus führt deutlich aus, wo sich der Geist eines Christen beim Eintritt des Todes befinden wird: Aus dem Leib abzuscheiden heißt, bei dem Herrn zu sein (2. Korinther 6, 8). Jesus sagte zu dem bußfertigen Schächer am Kreuz, noch heute werde er mit ihm im Paradies sein; nicht nächste Woche oder nächstes Jahr, sondern heute (Lukas 23, 43).

Der Tod in seiner harten Realität ist jedoch nicht schön. Im Tod wird der Körper eine leere Hülle – das verlassene Zellgewebe, in dem einst jemand wohnte; eine kalte, leblose Leiche mit der Bestimmung, zum Staub zurückzukehren, aus dem der Leib gemacht wurde. Dieser Aspekt des Todes ist von erschreckender Realität. Er ist der große Gleichmacher, der auf keinen Menschen Rücksicht nimmt. Eine Begnadigung kann man sich weder erkaufen noch verdienen. Keiner von uns kann seinem Zugriff entgehen.

Somit scheint es doch widersinnig, daß die, die das wahre Leben gefunden haben, weniger Angst vor dem Tod haben als die, die nur vor sich hin leben. Wenn wir unserem gegenwärtigen Leben keinen Sinn geben können, wird auch der Tod leer und sinnlos sein, und wir haben bei dem Tausch nicht viel verloren.

Niemand von uns weiß, welche Todeszeit ihm gesetzt ist. Die Jahre verstreichen schnell, und wenn wir einmal Bilanz ziehen, dann scheint unser Besuch hier doch von kurzer Dauer zu sein. Paulus warnt uns: „... daß die Stunde da ist, aufzustehen vom Schlaf, denn unser Heil ist jetzt näher, als da wir gläubig wurden. Die Nacht ist vorgerückt, der Tag aber nahe herbeigekommen" (Römer 13, 11.12). Andere Schriftstellen betonen die zeitliche Begrenztheit unseres Lebens und warnen uns, daß wir es bereuen werden, wenn wir es nicht vorteilhaft verbringen. In Psalm 90 lesen wir:

„Darum fahren alle unsere Tage dahin durch deinen Zorn, wir bringen unsre Jahre zu wie ein Geschwätz. Unser Leben währet siebzig Jahre, und wenn's hoch kommt, so sind's achtzig Jahre, und was daran köstlich scheint, ist doch nur vergebliche Mühe; denn es fährt schnell dahin, als flögen wir davon" (Psalm 90, 9.10).

Hiob drückt das noch deutlicher aus:

„Der Mensch, vom Weibe geboren, lebt kurze Zeit und

Der Tod in der menschlichen Vorstellung

ist voll Unruhe, geht auf wie die Blume und fällt ab, flieht wie ein Schatten und bleibt nicht" (Hiob 14, 1.2).

Und noch ausdrucksvoller sagt er:

„... der ich doch wie Moder vergehe und wie ein Kleid, das die Motten fressen" (Hiob 13, 28).

Ermutigenderweise geht es bei der christlichen Lehre mehr um das Leben und weniger um den Tod. Es ist nichts so wichtig für den Menschen wie sein eigenes Leben. Gut zu leben heißt daher, seinen Tod mit einzuplanen. Shakespeares Hamlet wägt in Gedanken die Nachteile des Todes oder des Lebens ab, während er den Satz „Sein oder Nichtsein" spricht. Eine ähnliche Frage wird im Buch Hiob gestellt, das vielleicht das älteste Buch der Bibel ist: „Meinst du, ein toter Mensch wird wieder leben?" (Hiob 14, 14). An einer nachfolgenden Stelle beantwortet Hiob seine eigene Frage:

„Aber ich weiß, daß mein Erlöser lebt, und als der letzte wird er über dem Staub sich erheben. Und ist meine Haut noch so zerschlagen und mein Fleisch dahingeschwunden, so werde ich doch Gott sehen. Ich selbst werde ihn sehen, meine Augen werden ihn schauen und kein Fremder" (Hiob 19, 25–27).

Obwohl der Tod auch für den Christen ein furchterregendes Aussehen hat, kann er doch vertrauensvoll in den Sieg des jenseitigen Lebens verschlungen werden. Denn Christus ist uns vorausgegangen, überwand den Tod in jeder Form und verhieß uns ein neues Leben jenseits des Todes: „Ich lebe, und ihr sollt auch leben" (Johannes 14, 19).

5. Kapitel:
Merkwürdige Begegnungen

Im Leben nach dem Tod kann entweder das Rätsel oder die Hoffnung der Menschheit liegen. Neuere Interviews mit Patienten, die aus dem klinischen Tod zurückkehrten und den Sprung in ein anderes Leben empfunden haben, ergaben, daß die positiven und negativen Berichte etwa in gleicher Anzahl vorzuweisen sind. Ein Patient erinnert sich vielleicht an den Tod als etwas Wunderbares und Erbauliches, während ein anderer seine Erfahrung aufgrund ihrer destruktiven und beklemmenden Natur verdrängt.

In den nun folgenden Kapiteln werden wir einige der „guten", einige der „schlechten" und einige der unbestimmten Begegnungen erörtern, die Patienten im Anschluß an den Tod erlebten. Aber bevor wir zu den merkwürdigen Begegnungen – aus der Vergangenheit und aus der Gegenwart – kommen, wollen wir uns schnell eine typische Erfahrung des „Vom-Körper-Gelöstseins" ansehen.

Das Folgende ist ein zusammengesetztes Beispiel, das in verschiedenen Variationen auftreten kann:

Ein Sterbender wird ohnmächtig oder verliert schmerzlos das Bewußtsein, während der klinische Tod eintritt; und doch kann er noch hören, wie ihn der Arzt für tot erklärt. Dann entdeckt er, daß er sich außerhalb seines Körpers befindet, aber immer noch im gleichen Raum; daß er dabeisteht und beobachtet, was vorgeht. Er beobachtet die Wiederbelebungsversuche und muß oft um andere Menschen herumgehen, die ihm die Sicht versperren. Oder vielleicht schaut er auch aus einer Schwebeposition, nahe der Decke, wo er sich plötzlich vorfindet, auf die Szenerie herab. Oft steht oder schwebt er hinter dem Arzt oder der Krankenschwester, die ihm den Rücken zukehren, während sie mit der Wiederbelebung seines Körpers beschäftigt sind. Er sieht, wer sich im Raum befindet und hört auch, was gesagt wird. Es fällt ihm schwer, zu glauben, daß er tot ist; daß der leblose Körper einmal sein eigener war. Er fühlt sich gut! Der Körper wurde geräumt, als sei er ein fremdartiges Objekt.

Nachdem er sich etwas mehr an diesen merkwürdigen Zustand gewöhnt, bemerkt er, daß er einen neuen Körper besitzt, der real und mit noch stärkeren Sinnen ausgestattet zu sein scheint. Er ist kein Gespenst. Er kann sehen und fühlen, denken und sprechen – genau wie vorher. Doch jetzt wurde ihm noch einiges dazugegeben: er bemerkt, daß sein Körper uneingeschränkte Fähigkeiten der Fortbewegung und des Gedankenlesens besitzt und fast alles tun kann. Dann hört er vielleicht ein besonderes Geräusch und stellt fest, daß er sich durch einen langen Tunnel mit dunklen Wänden bewegt. Vielleicht ist seine Geschwindigkeit groß, vielleicht nicht, aber er berührt die Wände nicht und hat auch keine Angst, er könne fallen. Wenn er aus dem Tunnel hervorkommt, sieht er unter Umständen eine schillernde Umgebung von ausgesuchter Schönheit, wo er Freunden und Verwandten, die erst kürzlich verstorben sind, begegnet und sich mit ihnen unterhält. Dann wird er manchmal von einem Lichtwesen oder einem

Merkwürdige Begegnungen

Wesen der Finsternis befragt. Die Umgebung kann unaussprechlich wunderbar sein – oft eine wogende Wiese oder eine herrliche Stadt; es kann auch etwas unbeschreiblich Schreckliches sein – oft ein Verlies oder eine große Höhle. Vielleicht wird ihm sein ganzes Leben vor Augen geführt; blitzschnell rollen alle wichtigen Begebenheiten seines Lebens vor ihm ab – als erwarte ihn das Gericht.

Während er mit seinen Freunden oder Verwandten (bei positiven Erlebnissen oft seinen Eltern) spazierengeht, kommt er gewöhnlich an eine Schranke, die er nicht überschreiten kann, falls er nochmals zurückkehren soll. An diesem Punkt kehrt er gewöhnlich um und findet sich wieder in seinem Körper vor, wo er unter Umständen einen elektrischen Stromschlag verspürt oder Schmerzen, weil ihm jemand auf den Brustkorb drückt.

Diese Erfahrungen wirken sich gewöhnlich grundlegend auf die Einstellungen und das Leben des Betreffenden aus. Ist die Erfahrung angenehm, so hat man keine Angst davor, nochmals zu sterben. Vielleicht freut sich der Betreffende darauf, die Erfahrung dort fortzusetzen, wo er abbrechen mußte – zumal er entdecken konnte, daß der Tod schmerzlos ist und keinen Grund zum Fürchten bietet. Wenn jemand versucht, seinen Freunden von dieser Erfahrung zu berichten, erntet er vielleicht Spott und Gelächter. Es ist schon schwierig genug, die Worte zu finden, um solch eine überirdische Erfahrung zu beschreiben; aber wenn man über den Betreffenden lacht, wird er dieses Geschehnis meist geheimhalten und nichts mehr berichten. Ist es unangenehm – ein Erlebnis voll erdrückender Beschuldigung – so zieht er es wohl vor, die Geschichte für sich zu behalten.

Die erschreckenden Erfahrungen können durchaus genauso intensiv erlebt werden wie die angenehmen. Genau wie bei den guten Erfahrungen fällt es denen, die von schlechten Erfahrungen berichten, schwer zu glauben, daß sie tot sind, während sie beobachten, wie sich andere an ihrem toten Leib zu schaffen machen. Auch sie können nach Verlassen des Raumes in einen dunklen Tunnel gelangen; aber anstatt in eine helle Umgebung hervorzutreten, kommen sie in eine finstere und dunkle Umgebung, wo sie grotesken Gestalten begegnen, die oft im Schatten oder an einem Feuersee lauern. Dieser Schrecken spottet jeder Beschreibung, und man kann sich nur schwer daran erinnern. Im Vergleich zu den angenehmen Erfahrungen ist hier nun sehr schwer an exakte Details heranzukommen.

Es ist wichtig, daß man mit ehemals klinisch toten Menschen sofort nach der Wiederbelebung spricht, während sie sich noch bedroht fühlen und um Hilfe rufen und bevor sie das Erlebnis vergessen oder es im Unterbewußtsein verlorengeht. Diese merkwürdigen, negativen Begebenheiten wirken sich grundlegend auf ihr zukünftiges Leben und ihre Ansichten über den Tod aus. Ich habe nicht einen kennengelernt, der Atheist blieb oder weiterhin behauptete, über das Leben nach dem Tode könne man nichts sagen.

Merkwürdige Begegnungen

Persönliche Beobachtungen

Ich möchte Ihnen berichten, wie ich meine Studien über die Erlebnisse im Tod aufnahm. Zunächst begann ich, in einigen von Elisabeth Kübler-Ross veröffentlichten Berichten zu studieren (sie wurden schließlich in ihrem Buch „Interviews mit Sterbenden"* zusammengefaßt), sowie den Berichten von Dr. Raymond Moody in „Leben nach dem Tod"**. Außer bei den Fällen versuchten Selbstmords wurde in all ihren Berichten von unglaublich positiven Erfahrungen erzählt. Das konnte ich nicht glauben! Ihre Fallstudien waren zu angenehm, zu euphorisch, um wahr zu sein, dachte ich. In meiner Jugend lehrte man mich, daß es einen „guten" und einen „schlechten" Ort gab, einen Himmel und eine Hölle. Nachdem ich die Erfahrung gemacht hatte, jemanden wiederbelebt zu haben, der sagte, er sei in der Hölle gewesen – und nachdem ich anschließend der biblischen Wahrheit Glauben schenkte – nahm ich an, daß auch einige zum „schlechten" Ort gehen würden. Aber in fast allen diesen Fallstudien war nur von einem „guten" Ort die Rede. Es schien mir dann so, daß einige dieser „guten" Erfahrungen auch falsche Eindrücke sein könnten, die vielleicht dadurch verursacht wurden, daß Satan als „Engel des Lichts" auftrat (1. Kor. 11, 14). Oder vielleicht ist diese Begegnungsstätte eine angenehme Umgebung, die als Sammelpunkt zum Aussortieren dient, also als Bereich vor dem Gericht – zumal in den meisten Fallstudien von

* Elisabeth Kübler-Ross „Interviews mit Sterbenden" Deutsche Ausgabe: Kreuz-Verlag, Stuttgart; 2. Aufl. 1971
** Dr. Raymond Moody „Leben nach dem Tod"; Rowohlt, 1977

einer Schranke berichtet wird, die den Zugang zum dahinterliegenden Bereich verwehrt. Der Patient kehrt in seinen Körper zurück, bevor er diese Schranke durchschreiten kann. In einigen ungewöhnlichen Fällen wird jedoch berichtet, daß es jemandem möglich war, durch diese Schranke zu schreiten – in das einzutreten, was ihm als Himmel oder Hölle erschien. Diese Fälle werde ich später noch beschreiben.

Als Ergebnis dieser Beobachtungen bin ich überzeugt, daß zwar in allen von Dr. Moody und Dr. Kübler-Ross sowie später auch von Dr. Karlis Osis und Dr. Erlendur Haraldsson – in ihrer ausgezeichneten Sammlung „At the Hour of Death"* – erwähnten Fällen seitens der Autoren genau berichtet wurde, aber daß sich die Patienten nicht immer vollständig erinnerten und alles berichteten. Ich fand heraus, daß die meisten schlechten Erfahrungen des Patienten sehr bald in das Unterschwellige und Unterbewußte verdrängt werden.

Diese schlechten Erfahrungen scheinen so schmerzhaft und störend zu sein, daß sie aus dem bewußten Erinnerungsvermögen entfernt werden, so daß man sich nur an die guten Erlebnisse – oder an gar keine – erinnert. Es gab Fälle, bei denen der klinische Tod beim Patienten mehrmals eintrat; bei jeder Unterbrechung der Wiederbelebung setzte der Herzschlag aus, und wenn Atmung und Herzschlag wieder eingeleitet wurden, kehrte das Bewußtsein zurück. In diesen Fällen könnte der Patient mehrere Erfahrungen des Losgelöstseins vom Körper

---

* = In der Todesstunde

Merkwürdige Begegnungen

gemacht haben. Gewöhnlich erinnert er sich jedoch nur an die angenehmen Einzelheiten.

Außerdem bekam ich den Eindruck, daß Dr. Kübler-Ross, Dr. Moody und andere Psychiater und Psychologen Patienten interviewten, bei denen Tage oder Wochen vorher Wiederbelebungsmaßnahmen vorgenommen worden waren. Weder Dr. Kübler-Ross noch Dr. Moody haben, soweit ich weiß, je einen Patienten wiederbelebt oder die Gelegenheit gehabt, sofortige Interviews am Schauplatz vorzunehmen. Nach vielen Befragungen von Patienten, bei denen ich persönlich die Wiederbelebung vornahm, mußte ich zu meinem Erstaunen entdecken, daß es viele negative Erfahrungen gab. Könnte man die Patienten sofort befragen, glaube ich, würden die Forscher bald herausfinden, daß die negativen Erfahrungen genauso häufig auftreten wie die positiven. Die meisten Ärzte fürchten sich jedoch davor, Patienten nach Todeserfahrungen zu befragen, weil sie nicht mit Glaubensfragen in Verbindung kommen wollen.

Dieses Konzept der sofortigen Befragung wurde schon vor vielen Jahren von einem Psychologen, Dr. W. H. Myers, vorgeschlagen, als er schrieb:

„Es ist möglich, daß wir bei der Befragung im Sterben liegender Personen, wenn sie aus dem Koma aufwachen, viel lernen können, was ihre Erinnerungen an Visionen oder Träume während dieses Zustands betrifft. Ist es in der Tat zu einer solchen Erfahrung gekommen, so sollte sie umgehend aufgeschrieben werden, da sie vermutlich schnell aus dem überschwelligen Gedächtnis des Patienten entschwinden wird – selbst wenn er nicht direkt im Anschluß daran stirbt."

Als ich diese Studie in Angriff nahm, begann ich, mit anderen Ärzten Kontakt aufzunehmen, denen von ähnlichen positiven Erfahrungen berichtet worden war, so daß wir eine ausreichende Anzahl authentischer Fälle vergleichen konnten. Gleichzeitig begann ich, nach Fallstudien in der Vergangenheit zu suchen.

Merkwürdige Begegnungen in früherer Zeit

Beim Durchsehen der Literatur fand ich in der Bibel einen Fall, der mindestens äußerlich an die Mund-zu-Mund-Beatmung erinnert, in 2. Könige 4, 34. Vom Tibetanischen Totenbuch entstand, obwohl es Jahrhunderte alt ist, im achten Jahrhundert nach Christi die erste Niederschrift, und die faszinierende Ähnlichkeit dieser Vorstellungen des Altertums mit den Erfahrungen der Gegenwart ist wahrhaftig bemerkenswert. Es wird beschrieben, wie die Seele außerhalb des Körpers existiert, und wie sie die gleichen Sinne besitzt, nur weiter befähigt und intensiver. Die Fortbewegung der Seele wird ebenfalls als zeitlos beschrieben; sie erreicht jedes Ziel allein durch Gedanken und bewegt sich widerstandslos durch Wände, Felsen oder andere Objekte. In einer schillernden Umgebung aus reinem Licht, so glaubte man, werde die Seele kürzlich verstorbenen Verwandten begegnen. Die Seele werde dann gerichtet und im Anschluß daran eine Existenz der Bestrafung oder ein angemessenes Schicksal erfahren.

Merkwürdige Begegnungen

Als nächstes untersuchte ich die Berichte von Emanuel Swedenborg, einem erfolgreichen schwedischen Schriftsteller, der im frühen 18. Jahrhundert lebte. In seinen Originalberichten beschrieb Swedenborg seine persönlichen Erfahrungen, die er außerhalb seines Körpers sammelte, als er sich in einem Stadium nahe dem klinischen Tod befand. In diesem Zustand der Gefühllosigkeit nahm er die Dinge wahr, die ihm begegneten, und die denen begegnen, deren Tod – nämlich der Prozeß, bei welchem sich der Geist vom Körper löst – aufgehalten wird, und erinnerte sich daran. Zunächst begegnete er Engeln, die ihn befragten, und Geistern, die sich mit ihm in einer universellen Sprache unterhielten, bei der die Rede des Engels oder Geistes zuerst in die Gedanken des Menschen strömt. Er erkannte, daß sein Körper noch immer von seinen Freunden und denen, die er in der Welt gekannt hatte, erkannt wurde... die daher auch von ihren Freunden über den Zustand des ewigen Lebens unterrichtet worden waren... Alles was er geredet und getan hatte, wurde vor den Engeln offenbar, in einem Licht, so klar wie der Tag... und ... es ist nichts so verborgen in der Welt, daß es nicht nach dem Tod offenbar wird.

Noch bedeutsamer erscheint mir jedoch der Bericht eines Arztes – aus dem Jahre 1889 – bei dem man vier Stunden lang keinen Puls registrierte und dreißig Minuten lang keine Atmung feststellen konnte; er lag in einem durch plötzlich ausgebrochenes Thyphusfieber hervorgerufenen Koma. Dies stand in der Novemberausgabe des St. Louis Medical and Surgical Journal (Zeitschrift für Medizin und Chirurgie) des Jahres 1889, und zwar handelt es sich um einen Dr. Wiltse aus Skiddy, Kansas, der von Dr. R. S. H. Raynes behandelt worden war. Nachdem Dr. Raynes bemerkte, daß die Atmung, die während der vergangenen Stunden nur sehr schwerfällig vonstatten gegangen war, volle dreißig Minuten ausgesetzt hatte, und nachdem man beim Patienten während vier Stunden keinen Herzschlag feststellen konnte, wurde er für tot erklärt, und die Kirchenglocke des Dorfes wurde geläutet. In Erinnerung an seinen eigenen Tod berichtet Dr. Wiltse:

„Ich erreichte wieder einen Zustand bewußter Existenz und entdeckte, daß ich mich noch immer in meinem Körper befand, aber daß mich mit dem Körper keine gemeinsamen Interessen mehr verbanden. Mit Erstaunen und Freude blickte ich das erste Mal auf mich herunter... mit dem ganzen Interesse des Arztes betrachtete ich das Wunder meiner physischen Anatomie. (Weil ihm aufging, daß er die lebende Seele dieses toten Körpers war, zog er die Folgerung:) „Ich bin gestorben – zumindest nennen es die Menschen so –; aber ich bin genauso sehr Mensch wie vorher. Gerade verlasse ich meinen Körper." Ich beobachtete den interessanten Vorgang, bei dem sich Seele und Körper trennen... Ich erinnere mich noch genau, daß ich mir, was Farbe und Gestalt betraf, etwa wie eine Qualle vorkam. Dann schwebte ich seitlich auf und ab – wie eine Seifenblase, die auf einem Pfeifenkopf festgehalten wird, und löste mich schließlich vom Körper, ...wobei ich langsam aufstieg und mich zur vollen Menschengestalt ausdehnte. Es erschien mir, als sei ich durchsichtig – von bläulichem Farbton... Und als ich mich umwandte, um den Raum zu verlassen, kam mein Ellenbogen in Kontakt

Merkwürdige Begegnungen

mit einem der zwei Herren, die an der Tür standen. Zu meiner Überraschung drang sein Arm ohne ersichtlichen Widerstand durch den meinen, wonach sich die durchtrennten Teile wieder schmerzlos zusammenschlossen – so wie Luft zusammenströmt. Ich warf einen Blick auf sein Gesicht, um zu sehen, ob er den Zusammenstoß bemerkt hatte; aber es deutete nichts darauf hin – er stand nur da und blickte auf das Sofa, das ich gerade verlassen hatte. Ich wandte meinen Blick in die gleiche Richtung und sah meinen eigenen Leichnam. Ich lag noch da, wo ich mich mit so viel Anstrengung hingelegt hatte – halb auf der rechten Seite, die Hände über der Brust verkrampft, die Füße zusammen. Ich war überrascht, daß das Gesicht so bleich war... Ich sah eine Anzahl Personen um den Körper herumstehen und -sitzen, und besonders fielen mir zwei Frauen auf, die offensichtlich an meiner linken Seite knieten; und ich erkannte, daß sie weinten. Dann sah ich, daß das meine Frau und meine Schwester waren...

Nun versuchte ich, die Aufmerksamkeit der Leute zu gewinnen in der Absicht, sie zu trösten, und sie ihrer eigenen Unsterblichkeit zu versichern. Ich verneigte mich spielerisch vor ihnen und erhob die rechte Hand zum Gruß. Ich ging auch zwischen ihnen hindurch, aber ich mußte erfahren, daß sie mich überhaupt nicht bemerkten. Dann kam mir die Situation nun doch witzig vor, und ich lachte laut... Ich schloß die Sache ab, indem ich mir sagte: Die sehen nur mit den leiblichen Augen. Geister können sie nicht sehen. Die betrachten etwas, von dem sie denken, das wäre ich – aber sie irren sich! Das bin ich gar nicht. Ich bin hier – und so lebendig wie eh und je.

... wie gut ich mich fühle, dachte ich. Noch vor ein paar Minuten war ich furchtbar krank und niedergeschlagen gewesen. Dann kam dieser Wechsel, Tod genannt, vor dem ich solche Angst gehabt hatte. Das war nun vorüber; – und ich bin immer noch hier – ein Mann, der lebt und denkt; ja, klarer denkt, als je vorher – und wie gut ich mich fühle. Ich werde nie mehr krank sein. Ich kann nicht mehr sterben."*

Dann beschrieb er, daß es ihn nach oben zog und er behutsam von jemandes Hand durch die Luft vorwärts geschoben wurde und auf eine Straße in den Wolken gestellt wurde, wo er auf drei gewaltige Felsen zulief, die den Weg versperrten: „Dort hielt ich an und fragte mich, warum ein so schöner Weg auf diese Weise blockiert sein sollte; und während ich überlegte, was nun zu tun sei, stand eine große, schwarze Wolke, die ich auf etwa sechzig Meter in Höhe, Breite und Tiefe schätzte, über meinem Kopf. Ich fühlte, daß etwas gegenwärtig war, das ich nicht sehen konnte – von dem ich aber wußte, daß es von der südlichen Seite aus in die Wolke eintrat. Diese Gegenwart erschien mir in meinen Gedanken nicht wie eine Gestalt, da sie die Wolke wie eine Art unerschöpfliche Intelligenz ausfüllte... Und als sich die Wolke auf beiden Seiten leicht um meinen Kopf legte, drangen Gedanken in mein Gehirn vor, die nicht meine eigenen waren.

Dies, sagte ich, sind seine Gedanken und nicht meine; ich beherrschte sie so wenig, wie wenn sie in Griechisch oder Hebräisch gewesen wären; und doch fühlte ich mich

---

* F. W. H. Myers: Human Personality and Its Survival of Bodily Death, S. 212–217.

Merkwürdige Begegnungen

davon wie in meiner Muttersprache ganz freundlich angesprochen, so daß ich verstand: „Es ist alles gut!" Und das Wesen sprach zu mir: „Dies ist der Weg zur ewigen Welt. Diese Felsen sind die Schranken zwischen den zwei Welten und den zwei Leben. Wer einmal dort vorbeiging, kann nicht mehr in den Körper zurückkehren... wenn dein Werk auf Erden erfüllt ist, kannst du an den Felsen vorbeigehen. Wenn du jedoch nach eingehender Erwägung zu dem Schluß kommst, daß... es noch nicht vollbracht ist, kannst du in den Leib zurückkehren... Ich war versucht, über die Schranke zu gehen... jetzt, wo ich so nahe daran war, wollte ich die Schwelle überschreiten und dort bleiben... und meinen linken Fuß über die Linie setzen. Als ich das tat, erschien eine kleine, dichte, schwarze Wolke vor mir und schwebte auf mein Gesicht zu. Ich wußte, daß ich nun aufgehalten wurde. Ich fühlte, wie mich meine gedankliche und motorische Kraft verließ. Meine Hände hingen kraftlos an meiner Seite, mein Kopf fiel nach vorn; die Wolke berührte mein Gesicht, und dann wußte ich nichts mehr.

Ohne daß ich etwas dachte und ohne ersichtliche Anstrengung meinerseits öffneten sich meine Augen. Ich schaute meine Hände an und dann die kleine, weiße Liege, auf der ich lag, und erkannte, daß ich in meinem Körper war; und mit Erstaunen und Enttäuschung rief ich: Was in aller Welt ist mit mir geschehen? Muß ich noch einmal sterben?

Ich fühlte mich sehr schwach, aber stark genug, das oben angeführte Erlebnis zu erzählen. Ich erholte mich schnell und gründlich.

Es gibt viele Zeugen, die das Erwähnte bestätigen können, was meinen körperlichen Zustand betrifft; auch die Tatsache, daß sich die Umstände um meinen Körper und im Raum genau so abspielten, wie ich sie beschrieben habe. Ich muß daher diese Dinge irgendwie gesehen haben."

Wie der Mann die dreißig Minuten ohne feststellbare Lebensfunktionen überlebte, kann ich nicht erklären.

Nur wenige Fälle geben sowohl die Gedanken über den Tod wie auch die Todeserfahrung selbst wieder. Bei einem dieser Fälle handelt es sich um Dwight Moody, einen Schuhverkäufer aus Chikago, der zu einem der größten Evangelisten in der Geschichte des Christentums wurde. An einem heißen Sonntag in New York, im August 1899, sagte er: „Eines Tages werdet ihr in der Zeitung lesen, Moody sei tot. Glaubt davon kein Wort! In dem Moment werde ich lebendiger sein, als ich es jetzt bin! 1837 wurde ich nach dem Fleisch geboren; 1855 wurde ich aus dem Geist geboren. Das, was aus dem Fleisch geboren ist, kann sterben. Das, was aus dem Geist geboren ist, wird ewig leben."*

Später, noch im gleichen Jahr, war Moody dem Tode nahe. Eines Wintermorgens, am Freitag, dem 22. Dezember 1899 – so erzählt sein Sohn Will – hörte er Moody in seinem Zimmer am anderen Ende des Ganges sagen: „Die Erde schwindet; der Himmel öffnet sich vor mir!" Will eilte zum Zimmer seines Vaters. Moody sagte: „Das ist kein Traum, Will. Es ist wunderschön. Wenn das der Tod ist, ist

---

* J. C. Pollock: Moody (New York, The Macmillan Co., 1963) S. 316

Merkwürdige Begegnungen

er herrlich. Gott ruft mich, und ich muß gehen. Haltet mich nicht zurück!" Dann begann er, ohne über Schmerzen zu klagen, in Bewußtlosigkeit zu versinken; er nannte es „Verzückung".

Nach den Anstrengungen des Arztes kam Moody zu sich und wollte wissen, wo alle waren. Er sagte, er sei nicht mehr in dieser Welt gewesen. „Ich ging zum Himmelstor. Ach, das war so wunderbar; und ich konnte die Kinder sehen!" Als man ihn fragte, wen er gesehen habe, sagte er: „Ich sah Irene und Dwight." Dann, als er erkannte, daß er dem Ende nahe war, sagte er: „Ich werde so lange bleiben, wie ich kann, aber wenn meine Zeit gekommen ist, bin ich bereit... Wenn Gott will, kann er ein Wunder wirken. Ich werde aufstehen. Herr Doktor, ich kann genausogut im Sessel sterben wie im Bett, nicht wahr?"

Dann empfing Moody seinen Ruf für die Ewigkeit. Es könne ihn nichts halten, sagte er. Der Wagen (der ihn abhole) sei schon im Zimmer. So befaßte sich Dwight Moody zuerst mit dem Tod und machte dann eine kurze Erfahrung, um dann, nachdem er seine Kinder und himmlische Welten gesehen hatte, zurückzukehren. Schließlich starb er endgültig, sichtlich friedevoll und voller Erwartung.

Ein weiteres historisches Beispiel für das Leben nach dem Tod wird berichtet von einem Pionier der Psychoanalyse, Dr. C. G. Jung. Er beschreibt, wie er sich nach einem Herzanfall in einem Zustand halber Bewußtlosigkeit befunden habe. Die Beschreibung läßt auf einen vorübergehenden Herzstillstand schließen. Nachdem er seinen

Körper verlassen hatte, fühlte er, wie er in einem herrlichen blauen Licht von der Erde hinwegschwebte und später vor einem Tempel stand, dessen Pforte von einem Flammenkranz umgeben war. Er schrieb: „Von der Schönheit und der Intensität des Gefühls kann man sich keine Vorstellungen machen. Sie waren das Ungeheuerste, das ich je erlebt habe... ich kann das Erleben nur als Seligkeit eines nicht-zeitlichen Zustands umschreiben, in welchem Gegenwart, Vergangenheit und Zukunft eins sind."*

Er beschrieb keine Schranke und kein Gericht. Vielleicht blieb er dort nicht lange genug.

Andere Erfahrungsberichte vom Tod oder „Beinahetod" gibt es auch von Thomas Edison, Benjamin Franklin, Elisabeth Browning, Eddie Rickenbacker sowie Beobachtungen von Autoren wie Louisa Mae Alcott und Ernest Hemingway.

Merkwürdige Begegnungen aus der Gegenwart

Einige meiner Patienten zeigten ein erstaunliches Erinnerungsvermögen, indem sie exakt die während der Wiederbelebung stattfindenden Vorgänge beschrieben, sich genau erinnerten, welche Maßnahmen angewandt wurden und beschrieben, was jede im Zimmer anwesende Person

---

* C. G. Jung: Erinnerungen, Träume, Gedanken, Rascher Verlag, 1962 S. 298 und 299

Merkwürdige Begegnungen

gesagt hatte und welche Farbe ihre Kleidung hatte. Verschiedene andere berichtete Vorgänge lassen auf eine geistliche Existenz außerhalb des Körpers während der Zeit längerer Bewußtlosigkeit schließen. Solche Komastadien halten manchmal mehrere Tage lang an.

Eine solche Patientin war Krankenschwester. Eines Tages wurde ich im Krankenhaus gebeten, einmal nach ihr zu schauen und sie im Hinblick auf ihr Herz zu untersuchen, da sie über immer wiederkehrende Schmerzen im Brustkorb klagte. Sie war nicht auf ihrem Zimmer, aber ihre Zimmergenossin sagte, daß sie entweder in der Röntgenabteilung oder noch im Bad sei. Ich klopfte an die Badezimmertür. Als ich keine Antwort bekam, öffnete ich die Badezimmertür ganz langsam und hoffte, niemanden in Verlegenheit zu bringen, der sich vielleicht dort drin befand. Als die Tür aufschwang, sah ich die Schwester dort am Kleiderhaken an der Innenseite der Badezimmertür hängen. Sie war nicht sehr groß, und so schwang sie leicht mit der geöffneten Tür mit. Sie hing mit einem weichen Kragen, der bei Nackenstauchungen benutzt wird, am Kleiderhaken fest. Offensichtlich hatte sie sich den Kragen um den Hals gelegt, ihn mit dem anderen Ende am Haken befestigt und war dann langsam in die Knie gegangen, bis sie bewußtlos wurde. Es war kein Ersticken oder Erwürgen – nur eine langsam eintretende Ohnmacht. Mit fortschreitender Ohnmacht sackte sie weiter hinunter. Im Tod waren ihr Gesicht, ihre Zunge und ihre Augen aufgedunsen und geschwollen. Ihr Gesicht war dunkel und bläulich angelaufen. Ihr übriger Körper war totenblaß. Sie hatte schon lange aufgehört zu atmen.

Schnell hob ich sie vom Haken und legte sie der Länge nach auf den Boden. Ihre Pupillen waren geweitet. An ihrem Hals war kein Puls zu fühlen, und ich konnte keinen Herzschlag hören, als ich mein Ohr auf ihren Brustkorb legte. Ich begann mit der externen Herzmassage, während ihre Zimmergenossin den Gang hinunterlief, um andere Krankenschwestern zu Hilfe zu holen.

Sauerstoff und Atemmaske ersetzten nun die Mund-zu-Mund-Beatmung. Das Elektrokardiogramm wies eine gerade Linie auf – Stillstand. Kein Elektroschock hätte hier helfen können. Wir injizierten die nötigen Medikamente.

Dann wurde sie auf der Bahre in die Intensivstation gebracht, wo sie vier Tage lang im Koma lag. Angesichts der geweiteten Pupillen erschien es wahrscheinlich, daß durch die unzureichende Blutzirkulation während der Dauer des Herzstillstands eine Schädigung des Gehirns eingetreten war. Überraschenderweise begann sich jedoch ihr Blutdruck nach einigen Stunden zu normalisieren. Auch stieg die Urinproduktion, nachdem der Blutkreislauf wieder normal funktionierte; aber es dauerte mehrere Tage, bis sie sprechen konnte. Schließlich stellten sich all ihre Fähigkeiten wieder ein, und einige Monate später nahm sie ihre Arbeit wieder auf.

Bis heute glaubt sie, daß sie in irgendeinen Autounfall verwickelt worden war, der diese langen, anhaltenden Halsschmerzen verursachte. Während sie mit schweren Depressionen ins Krankenhaus kam, erholte sie sich nun, ohne daß irgendwelche Depressionen oder Selbstmord-

Merkwürdige Begegnungen

tendenzen zurückblieben; offensichtlich ist sie während der langen Periode des Sauerstoffmangels im Gehirn geheilt worden.

Etwa am zweiten Tag, nachdem sie aus dem Koma aufgewacht war, fragte ich sie, ob sie sich überhaupt an irgend etwas erinnere. Sie sagte: „Oh, ich erinnere mich, daß Sie sich an mir zu schaffen machten. Sie haben Ihren braunkarierten Mantel ausgezogen und auf den Boden geworfen, und dann haben Sie Ihre Krawatte gelockert. Auch erinnere ich mich, daß Ihre Krawatte weiße und braune Streifen hatte. Die Schwester, die kam, um Ihnen zu helfen, sah so besorgt aus. Ich versuchte, ihr zu sagen, daß es mir gut gehe. Sie sagten ihr, sie solle eine Ambulanztasche und einen Katheter für die Infusion holen. Dann kamen die zwei Männer mit der Bahre. Ich kann mich noch an das alles erinnern."

Sie erinnern sich – sie war genau zu dieser Zeit in einem tiefen Koma und blieb auch noch vier Tage lang bewußtlos! Als ich meinen braunkarierten Mantel ablegte, waren nur sie und ich im Zimmer. Und sie war klinisch tot.

Manche, die nach dem körperlichen Tod wieder zum Leben kommen, können sich vollständig an jedes Gespräch erinnern, das während ihrer Wiederbelebung stattfand. Vielleicht ist das darauf zurückzuführen, daß das Gehör im Tod als einer der letzten Sinne den Körper verläßt. Ich weiß es nicht. Aber ich hätte im folgenden Fall vorsichtiger sein müssen:

Ein älterer Mann, dreiundsiebzig Jahre alt, kam in mein Sprechzimmer und klagte über drückende Schmerzen in der Mitte des Brustkorbs. Er griff sich an die Brust, als er auf mein Sprechzimmer zuging. In der Mitte des Korridors fiel er hin und schlug im Fallen mit dem Kopf gegen die Wand. Er atmete ein- oder zweimal keuchend und dann gar nicht mehr. Sein Herz hatte aufgehört zu schlagen.

Wir öffneten sein Hemd und versuchten, das Herz zu hören – um sicher zu sein. Mechanisch begannen wir mit der künstlichen Beatmung und Herzmassage. Das Elektrokardiogramm wurde abgelesen und zeigte Herzkammerflimmern an. Jedesmal wenn wir einen Elektroschock verabreichten, reagierte der ganze Körper mit einem Zukken. Danach setzte der Mann sich auf, stieß uns von sich, versuchte halbwegs auf seine Füße zu kommen und bekam dann erneutes Flimmern, wobei er auf den Boden zurückfiel. Dies geschah etwa sechsmal.

Merkwürdigerweise hörte dann beim sechsten Mal, nachdem noch verschiedene Medikamente intravenös zur Unterstützung verabreicht worden waren, das schreckliche Spiel auf; der Puls blieb im Rahmen, der Blutdruck wurde normal, das Bewußtsein kehrte zurück, und der Patient lebt noch heute. Er ist einundachtzig Jahre alt.

Was das sechsmalige Eintreten des klinischen Todes betrifft, wozu es damals in meinem Sprechzimmer kam, erinnert er sich nur noch an eine Sache, nämlich daran, wie ich zu dem anderen Arzt, der mit mir arbeitete, gesagt hatte: „Wir versuchen es noch einmal. Wenn der Schock diesmal nichts bringt, hören wir auf." Ich wollte, ich hätte das nicht gesagt – denn obwohl er zu dieser Zeit völlig bewußtlos war, hat er mich gehört. Später sagte er zu mir:

Merkwürdige Begegnungen

„Was meinten Sie damit: ...hören wir auf! Das war schließlich ich, an dem Sie da arbeiteten."

Halluzinationen

Schon oft haben mich Leute gefragt, ob sich diese guten und schlechten Erfahrungen nicht als Halluzinationen erklären lassen, die durch die schwere Krankheit des Patienten oder die ihm während dieser Krankheit verabreichten Medikamente zustandekommen. Wäre es zum Beispiel nicht wahrscheinlich, daß die Leute in ihren Visionen das sehen, was sie gerne sehen würden? Vielleicht sind sie durch religiöse oder kulturelle Erziehung beeinflußt worden. Sind die berichteten Erfahrungen wirklich allgemein, oder sind es nur Visionen? Haben Menschen mit unterschiedlichem religiösen Hintergrund – zum Beispiel – ähnliche oder verschiedene Erlebnisse?

Um eine Antwort auf diese problematische Frage zu finden, führten Dr. Karlis Osis und seine Mitarbeiter* zwei Studien in Amerika und eine in Indien durch. Über tausend Ärzte und Krankenschwestern, die aufgrund ihrer Arbeit besonders mit sterbenden Patienten zu tun hatten, empfingen einen Fragebogen. Man kam zu folgenden Ergebnissen:
1. Diejenigen Patienten, die Beruhigungsmittel oder Medikamente eingenommen hatten, von denen man

---

* Karlis Osis and Erlendur Haraldsson: „Deathbed Observations by Physicians and Nurses: A Cross-Cultural Survey" The Journal for the American Society of Psychical Research.

wußte, daß sie Halluzinationen hervorrufen, hatten mit geringerer Wahrscheinlichkeit Erlebnisse im klinischen Tod als diejenigen, die überhaupt keine Medikamente einnahmen. Mehr noch – von Medikamenten bewirkte Halluzinationen befaßten sich typischerweise mit der gegenwärtigen Welt und nicht mit Visionen von einer anderen Welt oder Existenz.

2. In Verbindung mit Krankheiten, die Halluzinationen hervorrufen, wie z.B. Harnvergiftung, chemischer Vergiftung oder Gehirnschädigung, treten weniger Begegnungen mit einem jenseitigen Leben auf, als in Verbindung mit anderen Krankheiten.

3. Patienten, die Erfahrungen in einem jenseitigen Leben machten, sahen Himmel und Hölle nicht in der Form, wie sie es sich vorher vorgestellt hatten. Was sie sahen, wurde gewöhnlich nicht erwartet.

4. Diese Visionen traten nicht in Verbindung mit Wunschdenken auf und schienen sich auch nicht danach zu richten, welche Patienten eine solche Erfahrung zu machen wünschten. Solche Visionen oder Erfahrungen traten genau so oft bei Patienten auf, die mit Sicherheit erwarteten, wieder gesund zu werden, wie bei denen, die sich ihres Todes gewiß waren.

5. Der Ablauf der Erfahrung wurde durch Unterschiede in Kultur und Religion nicht verändert. Sterbende Patienten in den Vereinigten Staaten und in Indien behaupten gleicherweise, den dunklen Tun-

Merkwürdige Begegnungen

nel, das helle Licht und kürzlich verstorbene Verwandte zu sehen.

6. Es sollte jedoch beachtet werden, daß sich die religiöse Herkunft sicherlich auf die Identifikation jenes „Wesens" auswirkte, dem man eventuell begegnet war. Kein Christ sah eine hinduistische Gottheit, und kein Hindu sah Jesus. Das Wesen scheint sich selbst nicht zu identifizieren, sondern wird vielmehr vom Beobachter identifiziert.

Dr. Charles Garfield, wissenschaftlicher Assistent für Psychologie am Medizinischen Zentrum der Universität von Kalifornien, zieht aus seinen Beobachtungen den Schluß, daß sich die Visionen vom Leben nach dem Tod in der Gesamtheit ihrer Eigenschaften völlig von den durch Medikamente bewirkten Halluzinationen oder den zusammenhanglosen Wahrnehmungen, die sich bei Patienten mit großen Schmerzen unter Umständen einstellen, unterscheiden. Meine eigenen Beobachtungen bestätigen das. Drogeneffekte, Delirium Tremens durch Alkohol, Betäubung durch Kohlendioxyd und psychotische Reaktionen befassen sich mehr mit Objekten aus der gegenwärtigen Welt und nicht mit Situationen aus der jenseitigen Welt.

6. Kapitel:
Auffahrt zum „Himmel"

Begegnungen mit der jenseitigen Welt werden verschiedentlich als himmlisch, angenehm, erhebend oder unbeschreiblich bezeichnet. Die meisten dieser Schilderungen entstammen natürlich Gesprächen, die nicht am Ort der Wiederbelebung geführt wurden – gewöhnlich erst einige Tage später. Viele, die eine solche Erfahrung machten, schauen zuversichtlich einem glücklichen zukünftigen Leben entgegen. Für manche könnte sich das bewahrheiten; anderen könnte auch ein falscher Eindruck vermittelt worden sein. Diejenigen, die schlechte Erfahrungen machten, erinnern sich nicht mehr daran, wenn sie erst einmal vom Ort der Wiederbelebung verlegt wurden – wie es sich aus den soweit veröffentlichten Fällen belegen läßt. Diese negativen Fälle werden wir später noch erörtern; aber nun zu den angenehmen!

Warum sollten wir alle angebotenen Berichte veröffentlichen, wenn einige davon vielleicht gar nicht repräsentativ sind? Und was ist, wenn sie nicht immer „biblisch" sind?

Zunächst müssen wir die Berichte so aufzeichnen, wie sie kommen, bis es uns überhaupt möglich ist, eine präzise Berichterstattung zu erhalten – nämlich dadurch, daß wir sie schon zur Zeit des Auftretens aufzeichnen. Zweitens geht es uns nicht in erster Linie darum, ob sie mit irgendwelchen philosophischen oder religiösen Glaubenssätzen übereinstimmen oder diese befürworten. Wir stellen sie zunächst einmal dar, wie sie sind. Ich werde Ihnen meine

Beobachtungen mitteilen und welchen Bezug ich zwischen diesen Berichten und der Bibel sehe. Ihre Schlußfolgerungen werden sich vielleicht grundlegend von den meinen unterscheiden.

Unterschiedliche Erfahrungen

Die angenehmen Erfahrungen unterscheiden sich beträchtlich voneinander. Obwohl der Ablauf der Ereignisse ziemlich gleich ist, sind einige Details bei der einen oder anderen Erfahrung anders oder fallen weg. Der folgende Bericht handelt von einer Dame, die um die zwanzig Jahre alt war und sah, wie sie starb und den Raum verließ, die aber nicht zum Ende des Tunnels gelangte:

„Ich hatte eine Menge Blut verloren. Es war etwa eine Stunde, nachdem ich mein einziges Kind geboren hatte. Als sie mich von der Bahre auf das Bett hoben, um mich zur Operation zu bringen, konnte ich sehen, wie das Blut durch den Spalt zwischen Bett und Bahre lief. Jedesmal wenn mein Herz schlug, schien es zu spritzen. Es war ein unglaublich großer Blutverlust. Ich war sicher, daß meine Zeit abgelaufen war.

Sie schoben mich schnell in den Operationssaal, während das Blut auf den Boden plätscherte. Als ich im Operationssaal angelangt war, war ich plötzlich nicht mehr in meinem Körper. Ich erinnere mich nicht, wie ich da herausgekommen bin. Aber wenigstens hatte ich keine Schmerzen. Ich schwebte in der linken Ecke an der Decke

Auffahrt zum „Himmel"

und sah auf meinen Arzt herunter. Ich mochte ihn nicht. Er fluchte und schrie die Schwestern an. Ich glaube, er war wegen meines Zustands in Panik geraten. Nun war ich sicher, daß ich sterben würde.

Sie bereiteten sich darauf vor, mir ein Betäubungsmittel einzuspritzen; aber ich war sicher, daß ich sterben würde, bevor sie die Blutung stillen konnten. Ich sah die Gesichter meiner Mutter, meines Mannes und meines kleinen Jungen – sie alle lebten. Sie würden über meinen Tod traurig sein; aber ich fühlte mich nicht niedergeschlagen. Es schien mir in der Tat überhaupt nichts mehr auszumachen! Ich war überhaupt nicht unglücklich und konnte gar nicht verstehen, warum.

Als nächstes schoß ich mit hoher Geschwindigkeit durch einen Tunnel, ohne seine Seiten zu berühren. Es gab ein zischendes Geräusch. Am Ende des Tunnels war ein weißlich-gelbes Licht. Und dann sagte ich: „So fühlt sich das also an, wenn man stirbt. Ich habe überhaupt keine Schmerzen." Darüber war ich froh. Aber bevor ich aus dem Tunnel hervortreten und das Licht erreichen konnte, fand ich mich im Aufwachraum wieder; dort standen vier Betten, und in einem davon lag ich.

Ich werde nie den Frieden vergessen, den ich da erlebte. Aus irgendeinem Grund hatte ich überhaupt keine Angst vor dem Sterben; aber ich war froh, mein Baby wiederzusehen!"

Die meisten Leute haben „unbeschreibliche" Erlebnisse: „Ich kann gar keine Worte finden, um das auszudrücken, was ich eigentlich sagen will." Es treten dort unter Umständen außerordentlich angenehme Gefühle auf – trotz gleichzeitiger körperlicher Unannehmlichkeiten in Gestalt von Kopfverletzungen, Unfallquetschungen oder Schußwunden. So kann es zum Beispiel manchmal im Moment der Verletzung zu einem blitzartigen Schmerz kommen, und dann verschwinden mitunter alle Schmerzen:

„Nachdem die erste Kugel eingedrungen war, war der Schmerz vorbei. Die zweite und dritte habe ich gar nicht gefühlt. Ich hatte ein Gefühl, als ob ich in einem dunklen Raum schwebte. In all dieser Dunkelheit fühlte ich eine Wärme und außerordentliche Behaglichkeit, obwohl meine Haut völlig kalt war. Ich dachte für mich: „Ich muß wohl tot sein."

Es kann zu erstaunlichen Erkenntnissen und völlig neuen Lebensanschauungen kommen, wie in dem folgenden Fall. Frau S. wurde während einer Campingreise vom Blitz getroffen:

„In dem Moment, wo mich der Schlag traf, wußte ich genau, was mit mir geschehen war. Mein Verstand war völlig klar. Ich war noch nie so total lebendig gewesen, wie in diesem Moment, da ich im Sterben lag. (Ihre Gedanken waren erfüllt von Reue über vergangene Handlungen sowie Dinge, die sie in ihrem Leben tun wollte.)

Während ich den Tod fühlte, bekam ich Antwort auf eine Frage, die ich anderen gegenüber nie ausgesprochen und mir nie gestellt hatte: Gibt es wirklich einen Gott? – Ich kann es nicht beschreiben, aber die Größe und Wirklichkeit des lebendigen Gottes erfüllte mich wie eine

Explosion; er erfüllte jedes Atom meines Körpers mit seiner Herrlichkeit. Im nächsten Augenblick bemerkte ich zu meinem Schrecken, daß ich mich nicht auf Gott zubewegte. Ich bewegte mich fort von ihm. Es war, als sähe ich, wie es hätte sein können – und dann mußte ich mich davon trennen. In meiner Angst versuchte ich, mich mit dem Gott, von dem ich wußte, daß es ihn gab, zu verständigen."

Sie bat um ihr Leben und versprach, es Gott zu weihen, falls sie am Leben bliebe. In drei Monaten war sie völlig genesen.

Das „Schweben" nach der Loslösung vom eigenen Körper und der Übergang in eine neue Dimension scheint fast allen Fallstudien gemeinsam zu sein:

„Ich litt an Lungenentzündung mit zunehmend toxischem Verlauf. Ich hatte 41,5° C Fieber. Später sagte man mir, ich hätte mehrere Tage im Koma gelegen, und man habe nicht damit gerechnet, daß ich überleben würde. Ich wurde in Eis gepackt und mit Alkohol abgerieben. Meiner Familie sagte man, daß man nichts für mich tun könne und ich vermutlich einen schweren Gehirnschaden davontragen würde, falls ich durchkäme.

Während dieses Komas sah ich mich in einem Tal schweben. In einiger Entfernung war auf einem Berg ein Licht, und als ich mich auf den Berg zubewegte, erkannte ich wunderschöne Orchideen und Blumen, die auf seinem felsigen Abhang wuchsen. Ich sah meinen Großvater zwischen den Felsblöcken stehen. Er war schon einige Jahre tot. Ich habe nicht mit ihm gesprochen, aber ich wußte, daß ich dort bleiben und nicht zurückkehren wollte.

Auch sah ich ein Kreuz an der einen Seite des Berges und eine Gestalt, die an dem Kreuz hing, aber noch lebte. Ich weiß, daß das Jesus war. Ich hatte ein Empfinden, daß dies der Anfang und das Ende der Welt sei. Danach befand ich mich plötzlich wieder in meinem Körper.

Vor etwa drei Jahren machte ich eine ähnliche Erfahrung, als ich mich wegen einer Hüftgelenksabnutzung einer Operation unterzog. Die Gelenksabnutzung schien sich durch Kortisonpräparate, die mir verabreicht worden waren, noch verschlimmert zu haben. Ich sollte gerade anästhesiert werden, als man meinte, ich sei plötzlich gestorben. Ich fühlte keine Trennung des Geistes vom Körper, noch erinnere ich mich an irgendeinen Tunnel. Plötzlich schwebte ich in dem gleichen Tal, das ich vorher schon einmal gesehen hatte. Nur standen dort diesmal mein Großvater und meine Großmutter am felsigen Abhang des Berges. Meine Großmutter sagte: „Du kannst nicht mit uns gehen; du mußt zurückkehren." Sie weinte, weil ich nicht bleiben konnte. Ich war nicht sicher, ob das eine Richtstätte war, oder was es vorstellte. Ich weiß nur, daß es mein ganzes Leben veränderte. Ich genieße das Leben jetzt mehr, weil ich in der Zukunft keine Bedrohung mehr sehe."

Die Trennung vom Körper kann sich – wie die Trennung von Raumfahrzeugen im Weltraum – etappenweise vollziehen:

„Ich lag einige Tage im Krankenhaus, und meine Brustschmerzen waren schon schwächer geworden. Ich war zu der Zeit sechsundvierzig Jahre alt, und man hatte

Auffahrt zum „Himmel"

die Ursache meiner Schmerzen nicht feststellen können. Gerade hatte ich zu packen begonnen, um heimzufahren, als sich ein Rückfall der heftigen Schmerzen im Brustkorb einstellte. Ich drückte auf den Rufknopf für die Schwester, als ich zusammenbrach. Glücklicherweise funktionierte die Rufanlage. Jemand kam in das Zimmer und rief um Hilfe. Noch verschiedene andere Leute kamen herein und begannen, sich an mir zu schaffen zu machen. Einer drückte auf meinen Brustkorb, ein anderer besorgte Sauerstoff.

Etwa zu der Zeit begann ich, aufwärts zu schweben; ich ließ den abgelegten Körper hinter mir und kam in die Gegenwart eines silbrigen, friedevollen, schillernden Lichts. Ich hatte keine Angst und wollte dort bleiben. Dann kehrte ich plötzlich und ohne Erklärung in meinen Körper zurück. Im selben Augenblick kehrten auch die gleichen Brustschmerzen wieder. Als die Schmerzen nachließen, schwebte ich wieder aufwärts und – schmerzfrei – aus dem Körper hinaus, und ich dachte: „Jetzt bin ich wirklich weg." Und doch fühlte ich mich wunderbar und voller Friede. Da war keine Todesfurcht. Ich sah keine anderen Leute und keinen Tunnel – oder Schlaglichter von Begebenheiten meines früheren Lebens, so wie ich es bei anderen gehört hatte."

Die Erinnerung an ein Panorama oder ein blitzschnelles Vorbeiziehen des eigenen Lebens ist jedoch eine Beobachtung, von der im allgemeinen berichtet wird; oft ist es ähnlich einer Rückblende im Fernsehen. Es tritt nicht klar hervor, ob diese Rückblende eine Vorbereitung für das

Gericht ist oder etwas anderes, aber sie regt zum Nachdenken an.

Ich erinnere mich an einen besonders traurigen Fall, einen Mann, der starb, ohne daß sein Erlebnis vollständig dargelegt werden konnte. Dieser Patient hatte eine gewöhnliche Erkältung. Obwohl ich ihm erklärt hatte, daß Penizillin bei Erkältung oder anderen Viruskrankheiten nicht helfe, bestand er hartnäckig darauf, daß es bei seinen Erkältungen immer geholfen hätte. Nachdem er mir versichert hatte, daß er noch nie eine Penizillinreaktion gehabt habe – und da er darauf bestand – gab ich ihm eine Penizillinspritze.

Dann geschah es. Er zeigte eine sogenannte anaphylaktische Reaktion. Fünf Minuten nach der Spritze stürzte er bewußtlos zu Boden; er erlitt einen schweren Schock, und der Blutdruck sank auf Null. Wir begannen, den Kreislauf durch externe Herzmassage anzuregen, bis kreislauffördernde Medikamente verabreicht werden konnten. Es wurde ein Krankenwagen bestellt, der ihn von der Klinik in ein anderes Krankenhaus überführen sollte.

Während wir auf den Krankenwagen warteten, stellten sich Herzschlag und Blutdruck wieder ein, letzterer mit Hilfe eines extrem starken Medikaments, das wir ihm in Form einer Infusion verabreichten. Infolge dieses Medikaments verengten sich die kleineren Arterien in seinem Körper und ließen so den Blutdruck ansteigen. Er wachte auf, blickte zu mir auf und sagte, er habe gerade gesehen, wie sein ganzes Leben an ihm vorübergezogen sei. Jedes wichtige Geschehnis schien dabei dargestellt worden zu sein.

Auffahrt zum „Himmel"

In diesem Moment war ich zu beschäftigt, um dem sehr viel Aufmerksamkeit zu schenken. Viele Jahre lang war ich „zu beschäftigt" gewesen, um meinen eigenen Patienten zuzuhören. In diesem Fall ist es jetzt zu spät. Er starb an einer Gehirnblutung – als indirekter Folge der Penizillinreaktion. Da brach ich wirklich in Tränen aus.

Bereitwillig werden bei den himmlischen Begegnungen Glückseligkeit, Friede und Euphorie beschrieben – im Gegensatz zur Verdammnis, von der wir selten Berichte hören.

Wie Sie sicher schon bemerkt haben, besteht nicht notwendigerweise eine Beziehung zwischen den „schillernden" Beschreibungen und „himmlischen" Erfahrungen.

Ein Patient, der aus einem Zustand zurückgeholt wurde, in dem Puls und Atmung ausgesetzt hatten und die Pupillen geweitet waren, bekam eine „neue Erkenntnis" über seine Beziehung zu seiner Umgebung und der Welt. Dieser Übergang vom Leben zum Tod war leicht gewesen, ohne Zeit zur Furcht. Er sah sein vergangenes Leben nicht in einer Rückblende.

Er bewegte sich mit hoher Geschwindigkeit durch ein hell erleuchtetes Netz, das nach seiner Beschreibung wie „ein Gitter aus leuchtenden Seilen" aussah. Als er anhielt, wurde die sprühende Leuchtkraft so intensiv, daß es ihn blendete und jeder Energie beraubte. Er fühlte weder Schmerzen noch etwas Unangenehmes. Dieses Gitter hatte ihn in eine Form jenseits von Zeit und Raum verwandelt. Er war ein neues Wesen. Persönliche Ängste, Hoffnungen und Mängel waren verschwunden. Er fühlte sich wie ein unzerstörbarer Geist. Als er darauf wartete, daß etwas Gewaltiges geschehen sollte, kehrte er plötzlich in seinen Körper auf dem Operationstisch zurück.

Ein anderer Patient beschrieb ähnliche Gefühle schmerzloser Glückseligkeit im Sterben:

„Ich hatte so viel Blut verloren, daß ich bewußtlos wurde. Ich fühlte die Trennung von meinem Leib. Ich lag neben meinem eigenen Körper. Ich schaute hinüber und beobachtete, wie sich die Krankenschwestern und Ärzte an meinem toten Körper zu schaffen machten. Ich selbst fühlte mich zufrieden und friedevoll. Ich war frei von Schmerzen und fühlte mich sehr glücklich. Ich dachte: Wenn das der Tod ist, ist er etwas Schönes. Die Gedanken an meine Familie halfen mir, am Leben festzuhalten, obwohl ich zu dieser Zeit das Gefühl hatte, daß all meine Sorgen vorbei seien. Ich konnte nichts fühlen, außer Frieden, Erleichterung und Stille."

Die Erfahrungen scheinen gleichgeartet zu sein. Das Sterben selbst hat keinen Stachel, keinen Schmerz. Die Umstände, die zum Tod führen – zum Beispiel das Eingequetschtwerden beim Autounfall – können sehr schmerzhaft sein, aber der Tod selbst ist eine einfache Ohnmacht, ein vergessener Herzschlag; wie wenn man einschläft. Diese Menschen, die angenehme Erfahrungen machten, haben keine Angst vor dem zukünftigen Tod.

Auffahrt zum „Himmel"

Engel des Lichts

In einigen wenigen Fällen, seien sie angenehm oder unangenehm, erinnert sich der Betreffende nicht an ein wirkliches Verlassen des Körpers oder an die Erfahrung der Bewegung durch einen Tunnel oder einen Korridor. Jedoch erinnern sich manche daran, einer himmlischen Gestalt (oder einer grotesken Gestalt) gegenübergestanden zu haben – oder irgendeinem Wesen, das sie „abholen" wollte. Manche identifizieren das Wesen als Jesus oder einen „Lichtengel" oder ein „heiliges Wesen". Ich habe von keinem die Behauptung gehört, er habe den Teufel gesehen. Es ist interessant, daß sich das „Wesen", welchem sie auch immer begegneten, grundsätzlich nie identifizierte. Gewöhnlich trifft die Person, die die Erfahrung macht, die Identifikation. So sagen dann die Hindus, Moslems oder Buddhisten, sie sähen eine ihrer Gottheiten, während die Christen ihn als Christus identifizieren. Im Folgenden ein Beispiel dafür:

„Plötzlich fühlte ich mich von meinen schrecklichen Brustschmerzen befreit. Jetzt hatte ich ein erhebendes Gefühl. Ich kann das gar nicht richtig ausdrücken. Ich schwebte in einem Bereich, der wie der Himmel aussah. Es war wunderbar hell, mit Gebäuden und Straßen aus Gold, und ich sah ein Wesen mit langem Haar in einem schillernden, weißen Gewand. Um es herum schien alles zu leuchten. Ich sprach nicht mit ihm. Ich bin sicher, daß es Jesus war. Als er meine Hand nahm, war das nächste, woran ich mich erinnere, ein Zucken in meinem Körper. Sie haben mich gerüttelt; – und dann kam der Schmerz zurück. Ich war also wieder auf der Erde. Ich werde diesen glücklichen Augenblick nie vergessen. Ich möchte ihn noch einmal erleben. Ich habe keine Angst vor dem Tod – nein, wirklich nicht! Ich freue mich darauf, Jesus wiederzusehen."

Andere Begegnungen mit einem „Lichtengel" sind ähnlich wie dieser Fall:

„Ich wußte, daß ich im Sterben lag. Man hatte mich gerade in ein Krankenhaus gebracht, und dann fühlte ich die Schmerzen in meinem Kopf und sah ein großes Licht, und alles schien sich um mich zu drehen. Dann fühlte ich mich frei und friedevoll und hatte einfach ein unbegründetes Wohlgefühl. Ich schaute auf das medizinische Personal hinunter, das sich an mir zu schaffen machte, und es machte mir überhaupt nichts aus. Ich wußte nicht, warum.

Dann war ich plötzlich in eine schwarze Wolke eingehüllt und ging durch einen Tunnel. Am anderen Ende trat ich hervor in ein weißes Licht, das einen weichen Schein hatte. Da war mein Bruder, der drei Jahre vorher gestorben war. Ich versuchte, einen Blick durch einen Eingang zu werfen, aber mein Bruder versperrte mir die Aussicht und ließ mich nicht sehen, was hinter ihm lag.

Dann konnte ich sehen, was hinter ihm war. Es war ein heller Engel. Ein Lichtengel. Ich fühlte mich angezogen von der Kraft der Liebe, die von diesem Engel ausging, der meine innersten Gedanken untersuchte und erforschte. Ich wurde „durchsucht", und dann wurde mir offenbar erlaubt, die Gegenwart einiger anderer geliebter Personen zu spüren, die vorher verstorben waren. Da machte mein

Auffahrt zum „Himmel"

ganzer Körper einen Sprung nach oben – von dem Elektroschock, den man mir gegeben hatte – und ich wußte, ich war wieder auf der Erde.

Seit ich mich von dieser Begegnung mit dem Tod erholt habe, habe ich keine Angst mehr vor dem Tod. Ich bin ja schon einmal dagewesen; ich weiß, wie es ist."

Das Erlebnis der Begegnung mit einem „liebevollen" oder „forschenden" Lichtwesen in einer wunderbaren Umgebung wird allgemein angeführt. Auch erklärte Atheisten erzählten mir von ähnlichen Erfahrungen, die, wie sie sagten, bewiesen, daß es keine Hölle gebe, und daß Gott, wenn es ihn gebe, jeden liebe und daher niemanden bestrafe.

In jedem Bericht kehrt jedoch der Betreffende in den Körper zurück, bevor es zu irgendeiner Entscheidung kommt oder eine Verfügung getroffen wird! Diese erste Begegnung könnte verständlicherweise auch lediglich an einem Scheideweg stattfinden. Es könnte auch eine betrügerisch angenehme Situation sein, die den Anschein von Sicherheit und Heiligkeit erweckt, um das Verlangen oder Bedürfnis nach einem veränderten Leben nicht aufkommen zu lassen. Nach Charles Ryrie, Billy Graham, Stephen Board und anderen christlichen Sprechern, die hierzu 2. Korinther 11, 14 zitieren, könnte es eine satanische Täuschung sein. Im folgenden Fall war der Patient kein Christ:

„Es war in der dritten Nacht, als ich wegen eines Herzanfalls auf der Herzstation lag, und ich wurde von den Krankenschwestern und einem der Männer in Weiß aufgeweckt; sie hatten eine Spritze für mich bereit, und ich fragte: „Was ist denn los?" Eine der Schwestern sagte, mein Überwachungsgerät hätte völlig ausgesetzt. Ich erinnere mich, daß ich sie bat, meine Verwandten nicht zu benachrichtigen, da es schon ziemlich spät war – kurz vor dem zweiten Schichtwechsel. Ich hielt meine Hand hoch, damit mir der Mann die Spritze durch den Infusionsschlauch geben konnte, der in meinen Arm führte.

Ganz plötzlich fing ich an, mit großer Geschwindigkeit durch einen riesigen Tunnel nach oben zu schweben; er war rund, und ich berührte die Wand nicht. Ich sagte zu mir selbst: „Merkwürdig, daß ich hier nicht an der Wand anstoße!" Dann wurde ich von einer schillernd leuchtenden Person angehalten. Sie kannte meine Gedanken und betrachtete mein Leben. Sie sagte mir, ich solle zurückkehren – meine Zeit würde später kommen. Ich fühlte mich willkommen. Ich erinnere mich nicht, wie ich in meinen Körper zurückkehrte, wohl aber, daß man mich aufweckte und mir sagte, mein Herz habe stillgestanden, und man habe es gerade wieder zum Schlagen gebracht.

Ich zögerte, meiner Familie davon zu erzählen, weil ich sie nicht durch solch eine merkwürdige Erfahrung in Aufregung versetzen wollte."

Manchmal scheint dieses Licht die ganze Umgebung zu erhellen. Es wird für gewöhnlich als blendend beschrieben, obwohl es nicht blind macht. Manche erzählen von einem „Wesen", das in dem Licht ist; andere nicht. Jedenfalls scheinen sie eine Gedankenverbindung zu verspüren, die das „Licht" mit der gesamten Umwelt aufrechterhält.

Auffahrt zum „Himmel"

Diejenigen, die tief gläubig sind, hegen keinen Zweifel daran, daß das Licht Jesus Christus darstellt. Manche sagen, er habe sich zu erkennen gegeben.

Der Bezug zum Licht wird in der Bibel in zahlreichen Fällen hergestellt. Jesus sagt zum Beispiel:

„Es ist das Licht noch eine kleine Zeit bei euch. Wandelt, solange ihr das Licht habet, damit euch die Finsternis nicht überfalle. Wer in der Finsternis wandelt, der weiß nicht, wo er hingeht. Glaubet an das Licht, solange ihr's habt, auf daß ihr Kinder des Lichtes werdet" (Johannes 12, 35.36).

Vom Licht ist auch im Alten Testament die Rede:

„Das Volk, das im Finstern wandelt, sieht ein großes Licht, und über denen, die da wohnen im finstern Lande, scheint es hell. Du weckst lauten Jubel, du machst groß die Freude. Vor dir wird man sich freuen, wie man sich freut in der Ernte..." (Jesaja 9, 1.2).

In der Tat fand ich in einer Konkordanz zur Bibel zweiundfünfzig Einträge unter dem Stichwort „Licht". Einer davon ist besonders interessant: Bei der Bekehrung des Paulus erschien ein Licht, „heller als der Sonne Glanz", das ihn für drei Tage blind machte. Seine Begleiter hörten die Stimme und sahen das Licht, erblindeten aber überraschenderweise nicht. Keiner, der heute während seiner Erfahrung ein solch helles Licht gesehen hatte, wurde davon geblendet – trotz der offensichtlich beträchtlichen Intensität. Das Licht, das Paulus sah, wird in der Apostelgeschichte im 9. und 26. Kapitel beschrieben. Das letztere Kapitel enthält folgenden Bericht des Paulus:

„... sah ich mitten am Tage, o König, auf dem Wege ein Licht vom Himmel, heller als der Sonne Glanz, das mich und die mit mir reisten umleuchtete. Als wir aber alle zur Erde niederfielen, hörte ich eine Stimme reden zu mir, die sprach auf hebräisch: Saul, Saul, was verfolgst du mich? Es wird dir schwer sein, wider den Stachel zu löcken. Ich aber sprach: Herr, wer bist du? Der Herr sprach: Ich bin Jesus, den du verfolgst; aber stehe auf und tritt auf deine Füße. Denn dazu bin ich dir erschienen, daß ich dich verordne zum Diener und Zeugen dessen, was du von mir gesehen hast und was ich dir noch will erscheinen lassen" (Apg. 26, 13–16).

Verändertes Leben

Die Erfahrungen vom Leben nach dem Tod scheinen sich auf die Zukunft des Betreffenden, was Lebensziel und Glauben betrifft, nachhaltig auszuwirken. Das Leben ändert sich:

„Ich dachte immer, gesellschaftlicher Status und Wohlstandssymbole wären das Wichtigste im Leben, bis mir das Leben plötzlich genommen wurde. Jetzt weiß ich, daß nichts von alledem wichtig ist. Nur die Liebe, die man anderen entgegenbringt, wird bleiben; daran wird man sich erinnern. Die materiellen Dinge werden nicht zählen. Unser gegenwärtiges Leben ist nichts im Vergleich zu

Auffahrt zum „Himmel"

dem, was man später sehen wird. Jetzt habe ich keine Angst, noch einmal zu sterben. Die, die Angst vor dem Tod haben, müssen einen Grund dafür haben; oder sie wissen nicht, wie es ist."

Manche Menschen berichten, daß sich während der geistlichen Existenz ihre Sinneswahrnehmung erhöht. So nehmen sie zum Beispiel einen lieblichen Duft in der Luft wahr oder eine wunderschöne Musik im Hintergrund oder einfach ein euphorisches Daseinsgefühl.

Vor einigen Jahren – am Tage, nachdem unsere Stadt von einem gewaltigen Sturm heimgesucht worden war – warf eine Gruppe von Männern des Elektrizitätswerks eine Kette über einige heruntergerissene Stromkabel, um sie zu erden. Jemand hatte jedoch versäumt, den Strom abzuschalten, und die Kette hatte sich zufällig um das Bein eines Mannes aus der Gruppe verfangen. Er wand sich auf dem Boden, und Funken stoben aus seinem Körper, als ihn der Strom bei einer Spannung von mehreren Tausend Volt durchfloß; sogar das Gras unter ihm war fleckenweise verbrannt. Seine Kollegen schnitten die Kette los und begannen, nachdem sie weder Herzschlag noch Atmung feststellen konnten, mit der Wiederbelebung. Beim Elektrizitätswerk waren sie in Nothilfemaßnahmen ausgebildet worden.

Als ich ihn auf der Intensivstation des Krankenhauses sah, lebte er noch, war aber bewußtlos. Seine Pupillen waren normal, aber es mußten verschiedene Herzrhythmusstörungen korrigiert werden. Außerdem war eine Transplantation durch unsere plastische Chirurgie nötig:

am Knöchel mußte ein großer Hautlappen ersetzt werden, der durch die elektrischen Verbrennungen zerstört worden war.

Als er am nächsten Tag zu sich kam, erinnerte er sich daran, wunderschöne Musik gehört zu haben und, bevor er das Bewußtsein wiedererlangte, eine ruhige und friedevolle Existenz gefühlt zu haben. Das Merkwürdige war, daß er noch, nachdem er zu sich gekommen war, die Musik hören konnte. Es beschäftigte ihn so sehr, daß er einen Besucher bat, herauszufinden, wo die Musik herkomme. Aber der Besucher konnte keine Musik hören!

Es gab noch verschiedene andere Details, an die er sich nicht mehr erinnern konnte, aber dieses Erlebnis wirkte sich nachhaltig auf sein ganzes Leben aus. Ich verstehe nicht, warum Musik eine solche Wirkung haben sollte; jedenfalls hält er seit diesem Erlebnis fast jeder Gruppe und jedem einzelnen, der ihm zuhört, Vorträge darüber.

Begegnungen jenseits der Schranke

Der Eintritt in die Hölle (oder was als Hölle erscheint) kann auf direktem Wege erfolgen, oft unter Auslassung des größten Teils der gewöhnlichen Reihenfolge. In ähnlicher Weise kommt es vor, daß Menschen von einem direkten Eintritt in den Himmel (oder was als Himmel erscheint) berichten, obwohl es hierbei wahrscheinlicher ist, daß sie sich zunächst durch eine Art Auswahlstelle oder über eine Art Schranke bewegen. Diese Auswahl-

Auffahrt zum „Himmel"

stelle ist für gewöhnlich ein Treffpunkt (dies trifft sowohl für die guten wie die schlechten Erfahrungen zu), und die Grenze ist wie ein Zaun, eine Mauer oder ein ähnliches Hindernis.

Ein Mann mittleren Alters mit Übergewicht, der mehrfach klinisch tot war und verschiedene Erfahrungen machte, bevor er endgültig starb, berichtete, daß ihn einige dieser Erlebnisse zu himmlischen Orten geführt hätten. Aufgrund seines hohen Blutdrucks erlitt er wiederholt Herzanfälle, die wiederum die Ursache für wiederholtes Herzkammerflimmern und plötzlichen klinischen Tod waren. Gewöhnlich verfiel er in Krämpfe und verlor dann völlig das Bewußtsein. Wenn nichts getan wurde, setzte nach zwei oder drei Minuten die Atmung aus; Wiederbelebung und Elektroschock brachten ihn jedesmal zurück. Wäre ein solcher Herzstillstand zu Hause aufgetreten, so wäre er natürlich unwiederbringlich gestorben. Jedenfalls stellten sich diese Episoden des klinischen Todes alle paar Tage ein, und jedesmal erzählte er von einer Erfahrung, in der er sich außerhalb seines Leibes befunden habe. Nur von zweien dieser Erfahrungen will ich hier berichten. Die erste, um ein bemerkenswertes Erinnerungsvermögen an den Schauplatz zu zeigen; und die zweite, um den Sprung in einen „himmlischen" Bereich vorzustellen:

„Ich drehte mich um, um den Hörer abzunehmen, und verspürte plötzlich wieder einen äußerst starken Schmerz in der Brust. Ich drückte den Rufknopf für die Schwestern, und sie kamen herein und begannen, an mir zu arbeiten. Sie spritzten Medizin in die Flasche, die auf einem Ständer neben meinem Bett stand; ein Schlauch führte zu meinem Arm. Ich fühlte mich miserabel, als ich dort lag. Es fühlte sich an, als ob ein Elefantenfuß mitten auf meinem Brustkorb stände. Ich schwitzte und wollte mich gerade erbrechen, als ich merkte, daß mein Bewußtsein schwand. Alles wurde schwarz um mich. Mein Herz hörte auf zu schlagen. Ich hörte, wie die Schwestern riefen: „Code 99, Code 99!" Eine von ihnen wählte die Nummer der Rufanlage an.

Während sie das taten, fühlte ich, wie ich meinen Körper – mit dem Kopf zuerst – verließ. Ich löste mich und schwebte in der Luft, ohne das Gefühl zu haben, ich würde fallen. Dann stand ich gewichtslos auf meinen Füßen und beobachtete, wie mir die Schwestern auf den Brustkorb drückten. Es kamen noch zwei Schwestern herein, und eine von ihnen trug eine Rose auf ihrem Kittel. Dann kamen noch zwei und ein Sanitäter, und dann entdeckte ich, daß man meinen Arzt von seiner Krankenvisite im Krankenhaus herbeigerufen hatte. Er war vorher auch bei mir gewesen. Als er das Zimmer betrat, fragte ich mich, warum er wohl hergekommen sei – ich fühlte mich doch gut!

Dann zog mein Arzt seinen Mantel aus, um die Schwestern bei der Herzmassage abzulösen. Ich bemerkte, daß er eine blaugestreifte Krawatte anhatte. Das Zimmer begann sich zu verdunkeln, und ich hatte ein Gefühl, als ob ich mich mit großer Geschwindigkeit durch einen dunklen Korridor bewegte. Ganz plötzlich fühlte ich einen furchtbaren Schlag in meinem Brustkorb. Mein Körper zuckte, mein Rücken krümmte sich, und ich fühlte ein furchtbares Brennen in meiner Brust, als habe mich dort jemand

Auffahrt zum „Himmel"

getreten. Dann kam ich zu mir und befand mich in meinem Bett. Nur zwei Schwestern und ein Sanitäter waren zurückgeblieben; die anderen waren gegangen."

Die spezifischen Einzelheiten, die dieser Patient sah – einschließlich der Anzahl der Leute, was sie taten und wie sie angezogen waren – erwiesen sich später als zutreffend. Die Rekonstruktion des Ablaufs ergibt jedoch, daß er während dieses gesamten Erinnerungszeitraums ohne Herzschlag und Bewußtsein war.

Im Gegensatz zu den meisten Leuten, die aus dem klinischen Tod zurückgeholt wurden, hatte dieser Patient bei jeder Wiederbelebung eine Todeserfahrung. Jede Erfahrung war anders; jede war angenehm. Das ist einer der „himmlischen" Berichte:

„Wieder fühlte ich den schrecklichen Schmerz in der Brust. Ich wußte, daß es Schwierigkeiten bedeutete. Vielleicht eine Ohnmacht; das hatte ich schon öfters gehabt. Und ich hatte gerade so schön geschlafen! Ich nahm wie gewöhnlich meine „Dynamit"-Tablette unter die Zunge und rief nach der Schwester. Ich schaltete die Lichter an. Die Schwester kam schnell herein. Der Schmerz wurde schlimmer. Dann wurde der Raum ganz plötzlich wieder schwarz. Ich fühlte keine Schmerzen mehr.

Das nächste, was ich wußte, war, daß ich am anderen Ende des Raumes an der Decke schwebte und vom Fußende her auf meinen Körper herabschaute. Daran erinnere ich mich, weil ich für mich selbst sagte: „Ich wußte gar nicht, daß ich so große Füße habe! Bin ich das denn wirklich? Da arbeiten sie schon wieder an mir herum. Ich muß wohl tot sein." Ich sah, wie sie das EKG-Gerät hereinrollten, und gleich hinterher dieses Schockgerät. Es schien alles voller Schläuche zu sein; einer davon führte in meine Nase – das muß der Schlauch von der Sauerstoffflasche gewesen sein – und ein anderer in meinen Arm. Währenddessen schwebte ich dort oben sicher und schwerelos. Dann hörte ich jemand sagen: „Ich bin nicht sicher, ob er diesmal zurückkommt."

Das ist alles, woran ich mich innerhalb dieses Zimmers erinnere; – und dann bewegte ich mich schnell durch eine schwarze Röhre, ohne die Wand zu berühren, und bald konnte ich glücklicherweise wieder das Licht sehen; aber diesmal wurde ich nicht von dieser Mauer aufgehalten. Ich flog tatsächlich einfach darüber hinweg. Mit höchster Geschwindigkeit flog ich durch den Luftraum.

Unter mir befand sich ein Fluß; die Sonne ging auf. Alles wurde immer heller. Ich bemerkte, wie ich eine wunderschöne Stadt überquerte, als ich dem Fluß folgte und mich wie ein Vogel von der Luft tragen ließ. Die Straßen schienen aus glänzendem Gold gemacht zu sein und waren wunderschön. Ich kann das gar nicht beschreiben. Ich landete auf einer der Straßen und war von lauter Leuten umgeben – glücklichen Menschen, die froh waren, mich zu sehen! Sie schienen glänzende Kleider anzuhaben, von denen ein besonderes Leuchten ausging. Niemand hatte es eilig. Einige andere Menschen kamen auf mich zu. Ich glaube, es waren meine Eltern. Aber gerade da wachte ich auf und war wieder in meinem Krankenzimmer. Diesmal wünschte ich mir wirklich, man hätte mich nicht zurück-

Auffahrt zum „Himmel"

geholt. Langsam hatte ich es satt, das alles durchmachen zu müssen. Warum läßt man mich nicht dort bleiben?"

Dieser Patient hatte ausschließlich gute Erfahrungen, keine schlechten. Er sagte, er sei Christ und habe schon gesehen, wo er hinkäme. Er wolle gar nicht mehr zurückgeholt werden. Er habe genug von seinem Asthma und seinen Brustschmerzen. Zwischen diesen Erlebnissen versuchte er, jedem, der ihm zuhörte – ob Krankenhauspersonal oder Besuchern –, von seinen Erfahrungen aus dem nächsten Leben zu erzählen. Dann erfüllte sich sein Wunsch – beim nächsten Anfall konnte er nicht mehr wiederbelebt werden.

Begebenheiten, bei denen Schranken überschritten werden, sind in der Bibel nichts Ungewöhnliches. Auch heute kommen Fälle vor, die den Beschreibungen der himmlischen Visionen von Stephanus, Paulus und Johannes ähneln. Ein Geistlicher berichtet von folgendem Fall:

„Mitten in der Nacht wurde ich von der Krankenschwester angerufen, die mich informierte, daß Frau D., ein Mitglied meiner kleinen Gemeinde, im Sterben liege. Sie fragte, ob ich zu ihr ans Krankenbett kommen wolle. Ich zog mich hastig an und fuhr so schnell wie möglich ins Krankenhaus. Als ich den Aufzug verließ, sagte die Schwester zu mir: „Es tut mir leid, daß ich Sie aus dem Bett geholt habe. Frau D. ist tot." Dann ging sie mit mir zu dem Krankenzimmer, in dem Frau D., eine kleine, zierliche Dame mit silbergrauem Haar, die an Krebs im Endstadium gestorben war, lag. Man sagte mir, alle Lebensfunktionen seien erloschen. Ich betete, indem ich einfach laut mit Gott sprach und ihm sagte, daß Frau D. aus einem bestimmten Grund auf meinem Besuch bestanden hätte; und ich bat den Herrn, daß sich, wenn es sein Wille wäre, dieser Zweck erfülle.

Dann sah ich, wie Frau D's Augenlider zuckten, es war ein raschelndes Geräusch zu hören, und dann geriet der Raum in Aufregung. Frau D. schlug ihre Augen weit auf und schaute mich direkt an. Sie sprach flüsternd: „Vielen Dank für ihr Gebet, Pastor Grogan. Ich habe gerade mit Jesus gesprochen, und er sagte mir, ich solle zurückkehren und etwas für ihn erledigen. Ich habe auch Jim gesehen" (ihren Ehemann, der kurze Zeit vorher verstorben war). Sie wandte sich zur Seite, zog die Knie an bis fast zum Kinn, atmete sanft und schlief ein.

Als ich den Gang hinab zum Aufzug ging, hörte ich das Geräusch schneller Schritte. Die Krankenschwester, die das alles von Anfang an miterlebt hatte, holte mich ein und sagte: „Ich habe Angst! Wie haben Sie das gemacht? Die Frau war tot und kam zurück ins Leben! Ich bin schon seit vielen Jahren Krankenschwester und habe so etwas noch nie gesehen. Ich war immer Atheistin."

Frau D. führte nach ihrer Genesung viele Gespräche, in denen sie anderen beschrieb, was sie in ihrem Tod gesehen hatte: Jesus in leuchtender Helligkeit und ihren verstorbenen Ehemann Jim. Sie wollte im Himmel bleiben, aber Jesus hatte ihr befohlen, zurückzukehren und mit anderen zu reden.

Dann wurde ich eines Tages zu ihrem Haus gerufen, wo sie mir sagte, daß sie an diesem Tag noch einmal ins

Auffahrt zum „Himmel"

Krankenhaus gehen würde – diesmal, um in den Himmel zu gehen und dort zu bleiben. „Beten Sie diesmal nicht um mein Leben."

Ein weiterer anschaulicher Fall ist ein Patient, der, von Engeln getragen, eine himmlische Stadt besuchte:

„Mein erster Herzschrittmacher wurde mir im März eingesetzt, und er funktionierte nicht richtig. Ich war im Krankenhaus, um mir einen neuen einsetzen zu lassen. Ich bat meine Frau und meinen Schwager, die Schwester zu holen. Irgend etwas stimmte mit meinem Herzschlag nicht; das konnte ich fühlen. Dann erinnere ich mich, daß jemand rief: „Code 99, Code 99!" Aber danach war ich nicht mehr im Zimmer. Eine Schwester, so schien es mir, hatte mich von hinten ergriffen, die Arme um meine Taille gelegt und mich dort hinausgetragen. Wir begannen, aus der Stadt zu fliegen – schneller und immer schneller. Daß es keine Schwester war, wußte ich erst, als ich auf meine Füße hinuntersah und die Spitzen weißer Flügel hinter mir in Bewegung sah. Ich bin jetzt sicher, daß es ein Engel war.

Nachdem wir so eine Weile dahingeschwebt waren, setzte der Engel mich auf der Straße einer wunderbaren Stadt ab, deren Gebäude aus schillerndem Gold und Silber gemacht waren, mit herrlichen Bäumen. Überall war ein herrliches Licht – es strahlte, war aber nicht so grell, daß ich die Augen zusammenkneifen mußte. Auf dieser Straße begegnete ich meiner Mutter, meinem Vater und meinem Bruder; sie alle waren kurze Zeit vorher gestorben.

„Da kommt Paul", hörte ich meine Mutter sagen. Als ich jedoch hinging, um sie zu begrüßen, faßte mich wieder der gleiche Engel um die Hüfte und nahm mich mit in die Luft. Ich verstand nicht, warum man mich denn nicht hier bleiben ließ.

Wir flogen auf eine entfernte Stadtsilhouette zu. Ich konnte die Gebäude erkennen. Ich sah das Krankenhaus, in das man mich als Patienten eingewiesen hatte. Der Engel schwebte herunter und brachte mich in das Zimmer zurück, in dem ich gelegen hatte. Ich schaute auf und sah in die Gesichter der Ärzte, die an mir arbeiteten; ich war in den Körper zurückgekehrt. Diese Erfahrung werde ich nie vergessen. Ich glaube, daß niemand Atheist bleiben kann, wenn er eine solche Erfahrung wie die meinige macht."

Den folgenden Bericht, den ein 70jähriger Buchhalter gab, kurz nachdem er dazu wieder in der Lage war, konnte ich auf Tonband aufnehmen. Die meisten seiner Schilderungen vom Himmel – die ich hier allerdings nicht vollständig wiedergebe – haben große Ähnlichkeit mit denen, die in den letzten zwei Kapiteln der Bibel enthalten sind. In einigen wenigen Fällen wurden ähnliche Beschreibungen von Personen überliefert, die die biblische Beschreibung vom Neuen Jerusalem nicht kannten.

„Wegen meiner Brustschmerzen schoben sie mich schnell aus der Notfallaufnahme in die Intensivstation. Sie sagten mir, ich hätte einen Herzanfall. Im Aufzug fühlte ich, daß mein Herz stillstand; ich hörte auf zu atmen, und ich dachte: „Das war's!"

Das nächste, woran ich mich erinnere, ist, wie ich auf der Intensivstation auf meinen Körper hinunterschaute.

Auffahrt zum „Himmel"

Ich wußte gar nicht, wie ich dort hingekommen war; aber sie arbeiteten an mir herum. Da war der junge Arzt im weißen Kittel und zwei Schwestern und ein Schwarzer in weißer Uniform; er leistete den Großteil der Arbeit an mir. Der Schwarze drückte etwas auf meine Brust, und etwas anderes atmete für mich, und alle riefen: „Hol' das und hol' dies!"

Später hörte ich, daß der Schwarze ein Krankenpfleger der Station war. Ich hatte ihn vorher noch nie gesehen. Ich erinnere mich sogar noch an die schwarze Fliege, die er trug.

Das nächste, woran ich mich erinnere, war, daß ich durch einen dunklen Tunnel ging. Ich berührte die Wand nicht. Schließlich kam ich heraus auf ein freies Feld und lief auf eine große weiße Mauer zu, die besonders lang war. Dort führten auch drei Stufen zu einem Eingang in der Mauer. Auf einer Plattform, oberhalb der Stufen, saß ein Mann, gekleidet in ein blendendes und weiß leuchtendes Gewand. Auch sein Gesicht hatte ein leuchtendes Strahlen. Er schaute nach unten in ein dickes Buch und las.

Als ich auf ihn zuging, erfüllte mich große Ehrfurcht, und ich fragte ihn: „Bist du Jesus?"

Er sagte: „Nein; Jesus und deine Lieben findest du jenseits dieser Pforte." Nachdem er in sein Buch geschaut hatte, sagte er: „Du kannst durchgehen."

Und dann ging ich durch die Tür, und auf der anderen Seite sah ich eine herrliche, glänzend beleuchtete Stadt, die etwas reflektierte, das wie Sonnenstrahlen aussah. Es bestand alles aus Gold oder einem glänzenden Metall;

Kuppeln und Türme herrlich arrangiert; und die Straßen glänzten – nicht ganz wie Marmor, sondern sie waren aus irgend etwas gemacht, das ich noch nie zuvor gesehen hatte. Dort waren viele Menschen, alle in leuchtend weiße Gewänder gekleidet, mit strahlenden Gesichtern. Sie sahen wunderbar aus. Die Luft roch so frisch. So etwas habe ich noch nie gerochen.

Eine herrliche Musik bildete den Hintergrund – himmlische Musik; und ich sah zwei Gestalten auf mich zukommen und erkannte sie sofort: Es waren meine Mutter und mein Vater, die beide schon Jahre vorher gestorben waren. Meine Mutter hatte eine Amputation erlitten, und doch war ihr Bein jetzt wieder erneuert. Sie lief auf zwei Beinen!

Ich sagte zu meiner Mutter: „Ihr seht wunderbar aus, du und Vater!"

Und sie sagten zu mir: „Du hast die gleiche Ausstrahlung und bist genau so schön."

Als wir dort zusammen entlanggingen, um Jesus zu finden, konnte ich ein Gebäude sehen, das war größer als alle anderen. Es sah aus wie ein Fußballstadion, das an dem Ende, an dem das Gebäude stand, offen war. Von dort ging ein blendender Lichtschein aus. Ich versuchte, zu dem Licht aufzublicken, aber ich konnte es nicht. Es war zu hell. Vor diesem Gebäude schienen sich viele Menschen in Anbetung und Gebet zu verbeugen.

Ich sagte zu meinen Eltern: „Was ist das?"

Sie sagten: „Dort drin ist Gott."

Auffahrt zum „Himmel"

Das werde ich nie vergessen. So etwas habe ich noch nie gesehen. Wir gingen weiter, weil sie mich zu Jesus bringen wollten, und wir gingen an vielen Menschen vorbei. Sie waren alle glücklich. Ich habe mich noch nie so wohlgefühlt.

Als wir uns dem Platz näherten, wo sich Jesus aufhielt, fühlte ich plötzlich, wie ein starker elektrischer Schlag meinen Körper durchzuckte; so, als hätte mich jemand auf den Brustkorb geschlagen. Mein Körper krümmte sich nach oben, als sie mein Herzflimmern stoppten. Ich war wieder in mein früheres Leben zurückgekehrt! Aber ich war nicht besonders glücklich darüber. Ich wußte jedoch, daß ich zurückgesandt worden war, um anderen von diesem Erlebnis zu berichten. Ich habe die Absicht, den Rest meines Lebens damit zuzubringen, es jedem zu erzählen, der mir zuhören will."

Für mich ist es aufregend und erhebend, Fälle und Erlebnisse zu entdecken, in denen die Grenze überschritten wurde. Für diese Menschen steht es außer Frage, daß ihre Erlebnisse real und von größter Wichtigkeit sind; und sie möchten, daß auch andere davon erfahren. Sie sind bereit, ihr Leben damit zu verbringen, es jedem zu erzählen, der ihnen zuhören will.

Grenzfälle, bei denen man beinahe vor einem ersten Gericht steht, sind nichts Ungewöhnliches. Kürzlich verstorbene Freunde und Verwandte zu treffen, scheint eine ziemlich häufig vorkommende angenehme Erfahrung zu sein. Die Feststellung, wie ihre Existenz in der geistlichen Welt aussehen wird, liegt augenscheinlich jenseits des Hindernisses, dem viele von ihnen offensichtlich begegnen.

Nur wenige Menschen scheinen über die Schranke zu gelangen und dennoch zurückzukehren, um davon zu berichten. Hier gibt es zum Beispiel den Fall von Betty Maltz, die nach einem Blinddarmdurchbruch vierundvierzig Tage lang im Koma lag. Während dieser Zeit konnte sie dennoch alles hören, was im Zimmer gesprochen wurde. Obwohl sich ihre physischen Sinne anscheinend vermindert hatten, hatten sich offenbar die geistlichen Sinne geschärft.

Während des Komas erlebte sie, wie sie in einer farbenfrohen Umgebung einen Berg hinaufging. Sie verspürte keine Erschöpfung – nur ein Gefühl der Ekstase. Ein Engel ging mit ihr, aber sie konnte nur seine Füße sehen. Sie kam an ein Tor in einer großen Mauer aus Marmor, und sie wurde eingeladen, einzutreten und die herrlichen Hymnen, die man dort sang, mitzusingen. Man ließ ihr jedoch die Wahl, ob sie zurückgehen oder durch die Pforte gehen wollte.

Dann erinnert sie sich, wie sie zur Überraschung aller das Laken abstreifte, das man ihr schon über das Gesicht gezogen hatte.*

Alle Fälle, die ich hier anführte, deuten darauf hin, daß die Trennung von Geist und Körper einen grundlegenden Aspekt des Todes darstellt. Hören Sie, wie die Schrift sagt, warum unser derzeitiger Körper aus Fleisch und Blut nicht in das Reich Gottes hineinkommen kann:

„Genauso sind auch unsere irdischen Leiber, die sterben und verfallen, anders als die Leiber, die wir haben werden,

* Mrs. Carl Maltz, The Texas Herald, Austin, Sept. 1977 S. 6–7

Auffahrt zum „Himmel"

wenn wir wieder zum Leben kommen; denn diese werden niemals sterben. Die Körper, die wir jetzt haben, beschämen uns, denn sie werden krank und sterben; aber sie werden voller Herrlichkeit sein, wenn wir wieder zum Leben kommen. Ja, es sind jetzt schwache, sterbende Körper, aber wenn wir wieder leben, werden sie voller Kraft sein. Im Tod sind es nur menschliche Körper, aber wenn sie wieder zum Leben kommen, werden es übernatürliche Körper sein. Denn genauso, wie es natürliche, menschliche Körper gibt, so gibt es auch übernatürliche, geistliche Körper...

Ich sage euch, meine Brüder: Ein irdischer Körper, der aus Fleisch und Blut besteht, kann nicht in das Reich Gottes gelangen. Diese, unsere vergänglichen Körper, sind nicht von der Art, mit der man ewig lebt. Aber ich sage euch dieses denkwürdige und wunderbare Geheimnis: wir werden nicht alle sterben, aber wir werden alle einen neuen Körper bekommen! Es wird alles in einem Moment geschehen, in einem Augenblick, beim Schall der letzten Posaune...

Wenn dies geschieht, dann wird sich endlich die Schriftstelle erfüllen: „Der Tod ist verschlungen in den Sieg. Oh Tod, wo ist denn dein Sieg? Wo ist denn dein Stachel? Denn die Sünde – der Stachel, der den Tod verursacht – wird völlig beseitigt sein; und das Gesetz, das unsere Sünde offenbart, wird nicht mehr unser Richter sein. Wie danken wir Gott für das alles! Er ist es, der uns siegreich macht, durch Jesus Christus, unseren Herrn." (1. Korinther 15, 42–57, englische TLB-Übersetzung).

7. Kapitel
Abstieg zur „Hölle"

Nun schließlich wollen wir uns den Berichten zuwenden, denen bis jetzt wenig Publicity eingeräumt wurde. Sie stammen von denen, die – vom klinischen Tod zurückgekehrt – schildern, wie sie sich in der Hölle befanden. Da sind auch einige wenige mit eingeschlossen, die offenbar die Schranke oder Trennungslinie durchbrachen, die die „Auswahlstelle" von dem trennt, was eine Gerichtsstätte sein könnte. Diejenigen, die an keine Schranke kamen, schienen vom Schauplatz des Todes aus an eine andere Art Sammelpunkt gelangt zu sein – in einen, der häßlich und finster war, ähnlich einem „Spukhaus" am Jahrmarkt. In den meisten Fällen schien sich dieser Ort unter der Erde oder irgendwie in der Erde zu befinden.

Die Hölle

Thomas Welch beschreibt in seiner Schrift „Oregons Amazing Miracle" (Das erstaunliche Wunder von Oregon) ein höchst ungewöhnliches Erlebnis, in dem er einen gewaltigen „Feuersee" sah; „der furchterregendste Anblick, den man je vor Anbruch des jüngsten Gerichts zu sehen bekommen konnte."

Während er als Helfer eines Ingenieurs bei der Bridal Veil Lumber Company, 50 km östlich von Portland, in Oregon arbeitete, mußte er in 20 m Höhe über dem Wasserspiegel auf einem Steg einen Damm entlanggehen, um zum Sägewerk zu gelangen. Er berichtet wie folgt:

„Ich ging den Steg hinauf, um einige Stämme geradezurichten, die sich quergestellt hatten und nicht auf dem Förderband liefen. Plötzlich fiel ich von dem Steg herunter und zwischen den Stämmen in den See, der etwa dreieinhalb Meter tief war. Ein Maschinenführer, der im Führerhaus seiner Maschine saß und Baumstämme in den Teich ablud, sah mich fallen. Ich landete zehn Meter tiefer mit dem Kopf auf dem ersten Stamm und rollte dann von einem Stamm zum anderen, bis ich ins Wasser fiel und seinem Blick entschwand.

Zu dieser Zeit arbeiteten siebzig Leute in und um das Sägewerk. Die Arbeit wurde gestoppt, und jeder Mann, der erreichbar war, – so wie es mir diese Männer erzählten – aufgerufen, nach meiner Leiche zu suchen. Die Suche dauerte etwa eine Stunde, bis ich von M. J. H. Gunderson gefunden wurde, der selbst einen Bericht geschrieben hat, um die Tatsachen dieses Zeugnisses zu bestätigen.

Was diese Welt betraf, so war ich tot. Aber in einer anderen Welt war ich lebendig. Ich hatte keine Zeit verloren. In dieser einen Stunde außerhalb des Körpers lernte ich mehr, als ich je in meinem Körper lernen konnte. Ich kann mich nur erinnern, daß ich über die Brüstung des Stegs fiel. Der Maschinenführer beobachtete dann, wie ich den ganzen Weg hinunter zurücklegte und im Wasser landete.

Das nächste, was ich wußte, war, daß ich nahe am Strand eines großen Ozeans aus Feuer stand. Es war wohl

Abstieg zur „Hölle"

gerade so, wie es die Bibel in Offenbarung 21, 8 beschreibt: „... den See, der mit Feuer und Schwefel brennt."

Ich erinnere mich klarer an jedes Detail und jeden Moment dessen, was ich während der Stunde, in der ich diese Welt verlassen hatte, sah und was geschah, als an alles, was zu meinen Lebzeiten geschehen ist. Ich stand in einiger Entfernung von dieser brennenden, bewegten und schwappenden Masse aus blauem Feuer. So weit meine Augen sehen konnten, ein See aus Feuer und Schwefel! Es war niemand in dem See. Ich war auch nicht darin. Ich sah auch Leute, die ich gekannt hatte, die gestorben waren, als ich dreizehn Jahre alt war. Ebenfalls sah ich einen Jungen, mit dem ich zur Schule gegangen bin; er war in jungen Jahren an Kieferkrebs gestorben, der mit einem kranken Zahn begonnen hatte. Er war zwei Jahre älter als ich. Wir erkannten einander, aber wir sagten nichts. Alle starrten und schienen tief in Gedanken versunken zu sein, als könnten sie nicht glauben, was sie sahen. In ihren Gesichtern spiegelten sich Bestürzung und Verwirrung.

Die Szene war so furchterregend, daß Worte fehlen. Man kann es nicht beschreiben; außer man würde sagen, daß wir jetzt schon Augenzeugen des Jüngsten Gerichts waren. Da gibt es keinen Fluchtweg, keinen Ausweg. Man versucht nicht einmal, einen zu suchen. Das ist das Gefängnis, aus dem niemand entfliehen kann – es sei denn durch das Eingreifen Gottes. Ich sagte hörbar zu mir selbst: „Wenn ich davon etwas gewußt hätte, hätte ich alles nur irgend Mögliche getan, um dem zu entgehen und nicht an einen solchen Ort gebracht zu werden." Aber ich hatte es nicht gewußt.

Als mir diese Gedanken blitzartig durch den Kopf gingen, sah ich einen anderen Mann vor uns vorbeigehen. Ich wußte sofort, wer er war. Er hatte starke, freundliche Gesichtszüge, voller Mitgefühl – gefaßt und furchtlos – Meister über alles, was er sah. Es war Jesus selbst.

Große Hoffnung ergriff mich, und ich wußte, die Lösung meines Problems war diese großartige und wunderbare Persönlichkeit, die hier in diesem Gefängnis verlorener, verwirrter, zum Gericht bestimmter Seelen an mir vorbeiging. Ich sagte nur so für mich selbst: „Wenn er nur in meine Richtung blicken und mich sehen würde, dann könnte er mich aus diesem Ort befreien; er wüßte, was zu tun ist." Er ging weiter, und es schien, als würde er nicht in meine Richtung schauen; aber gerade bevor er aus meinem Gesichtsfeld verschwand, wandte er seinen Kopf und schaute mich direkt an. Mehr brauchte es nicht; sein Blick war genug.

In Sekundenschnelle war ich wieder zurück in meinem Körper. Es war, als wenn man durch eine Tür in ein Haus kommt. Ich konnte die Brockes (die Leute, bei denen ich wohnte) minutenlang beten hören, bevor ich meine Augen öffnen und etwas sagen konnte. Ich konnte aber hören und verstehen, was sich abspielte. Dann kam plötzlich Leben in meinen Körper; ich öffnete die Augen und sprach mit ihnen.

Es ist leicht, über etwas zu reden und es zu beschreiben, das man gesehen hat. Ich weiß, daß es einen Feuersee gibt, weil ich ihn gesehen habe. Ich weiß, daß Jesus Christus in Ewigkeit lebt. Ich habe ihn gesehen. Die Bibel sagt in

Abstieg zur „Hölle"

Offenbarung 1, 9–11: „Ich... Johannes... am Tag des Herrn wurde ich vom Geist ergriffen und hörte hinter mir eine Stimme, laut wie eine Posaune. Sie sprach: Schreib das, was du siehst, in ein Buch..." (Einheitsübersetzung).

Unter den vielen Dingen, die Johannes sah, war auch das Gericht, und er beschreibt es in Offenbarung 20 so, wie er es gesehen hat. In Vers 10 schreibt er: „Und der Teufel, der sie verführte, ward geworfen in den Pfuhl von Feuer..." Wiederum in Offenbarung 21, 8 schreibt Johannes, er sah den „Pfuhl, der mit Feuer und Schwefel brennt". Das ist der See, den ich gesehen habe, und ich bin mir des einen sicher, daß am Ende dieses Zeitalters, beim Jüngsten Gericht, alles Schlechte im Universum endgültig in diesen See geworfen wird und für alle Zeiten zerstört wird.

Ich danke Gott für Menschen, die beten können. Ich hörte, wie Frau Brocke für mich betete. Sie sagte: „O Gott, nimm Tom nicht weg, er ist nicht gerettet." Im gleichen Augenblick öffnete ich die Augen und sagte zu ihnen: „Was ist denn passiert?" Für mich war die Zeit nicht stillgestanden; ich war zu einem anderen Ort gereist, und nun war ich zurück. Kurz darauf kam der Krankenwagen an, und ich wurde zum Good Samaritan Hospital in Portland gebracht.

Dort kam ich kurz vor sechs Uhr abends an, wurde in den OP gebracht, und meine Kopfhaut wurde mit vielen Stichen vernäht. Dann kam ich auf die Intensivstation. Es gab wirklich nicht viel, das die Ärzte hätten tun können. Man mußte einfach warten und sehen.

Während dieser vier Tage und Nächte schien ich mich in ständiger Verbindung mit dem Heiligen Geist zu befinden. Ich durchlebte noch einmal alle Begebenheiten meines vergangenen Lebens und die Dinge, die ich gesehen hatte, wie z. B. den Feuersee, und wie Jesus dort zu mir kam; ich hatte meinen Onkel gesehen und den Jungen, mit dem ich zur Schule gegangen war, und dann die Rückkehr ins Leben. Die Gegenwart des Geistes Gottes war beständig um mich, und oft sprach ich laut mit dem Herrn. Dann fragte ich Gott, was er aus meinem Leben machen wolle; was sein Wille für mich sei... Dann, etwa um neun Uhr, kam die Berufung Gottes. Die Stimme des Geistes kann oft sehr deutlich sein. Er sagte zu mir: „Ich möchte, daß du der Welt verkündest, was du gesehen hast und wie du ins Leben zurückgekommen bist."

Bei einem weiteren Fall geht es um eine Patientin, die an einem Herzinfarkt starb. Sie ging jeden Sonntag zur Kirche und betrachtete sich als Durchschnittschristin.

„Ich erinnere mich, daß ich keine Luft mehr bekam; und dann muß ich ohnmächtig geworden sein. Ich sah, wie ich meinen Körper verließ. Das nächste, woran ich mich erinnere, ist ein düsterer Raum, wo ich an einem Fenster einen gewaltigen Riesen mit einem grotesken Gesicht stehen sah, der mich beobachtete. Kleine Zwerge oder Kobolde, die den Riesen zu begleiten schienen, rannten um das Fensterbrett herum. Der Riese winkte mir, daß ich mit ihm gehen solle. Ich wollte nicht, aber ich mußte mitgehen. Draußen war Finsternis. Ich konnte hören, wie überall um mich herum Leute jammerten. Ich konnte fühlen, wie sich um meine Füße herum einiges bewegte. Als wir uns in

Abstieg zur „Hölle"

diesem Tunnel oder dieser Höhle vorwärts bewegten, wurde es noch schlimmer. Ich erinnere mich, daß ich schrie. Dann ließ mich der Riese aus irgendeinem Grund los und schickte mich zurück. Ich fühlte, daß man mich verschont hatte, ich weiß nicht, warum.

Dann erinnere ich mich, wie ich wieder im Krankenhaus im Bett lag. Der Arzt fragte mich, ob ich Drogen genommen hätte. Meine Schilderung muß wohl wie ein Horrortrip geklungen haben. Ich erklärte ihm, daß ich solche Gewohnheiten nicht pflege, und daß die Geschichte Wirklichkeit gewesen sei. Sie veränderte mein ganzes Leben."

Die Gestalt, die jemanden mitnimmt oder aus der geistlichen Welt zurücksendet, scheint bei den schlechten Erfahrungen beträchtliche Unterschiede aufzuweisen, während die Gestalten bei den guten ähnlich scheinen.

„Ich hatte Bauchschmerzen, die von einer Entzündung der Bauchspeicheldrüse herrührten. Man gab mir Medizin gegen meinen sinkenden Blutdruck; doch ich verlor langsam das Bewußtsein. Ich erinnere mich noch, daß sie an mir herumarbeiteten. Ich ging durch einen langen Tunnel und wunderte mich, daß meine Füße nicht die Wand berührten. Es war, als ob ich schwebte und sehr schnell vorwärtskäme. Es schien unter der Erde zu sein. Es könnte eine Höhle gewesen sein; und von dort kamen die schaurigsten, schrillsten Schreie. Auch war ein Geruch von Verwesung zu spüren, wie er bei Krebspatienten auftritt. Alles schien sich in Zeitlupe zu bewegen. Ich kann mich nicht an alles erinnern, was ich gesehen habe, aber einige Gestalten waren nur halb menschlich und spotteten und redeten miteinander in einer Sprache, die ich nicht verstand. Wenn man mich fragt, ob ich jemanden gesehen hätte, den ich kannte oder irgendeinen Lichtstrahl entdeckt hätte – nein! Aber da war eine große Person in leuchtend weißen Kleidern, die erschien, als ich rief: „Jesus, rette mich!" Er schaute mich an, und ich fühlte die Botschaft: „Lebe ein anderes Leben!" Ich erinnere mich nicht, wie ich von dort wegging oder wie ich zurückgekommen bin. Vielleicht ist noch vieles andere passiert, woran ich mich nicht erinnere. – Vielleicht habe ich Angst, mich daran zu erinnern!"

In einem modernen Bericht von Reisen in andere Welten beschreibt Dr. med. George Ritchie seinen Tod an einer speziellen Art von Lungenentzündung, an der er im Jahre 1943 in Camp Barclay, in Texas, mit zwanzig Jahren erkrankte. In seinem ausgezeichneten Buch „Return from Tomorrow" (Rückkehr von Morgen) schildert er, wie er nach neun Minuten auf unerklärliche Weise ins Leben zurückkam, aber während dieser Zeit ein ganzes Leben voller Abenteuer erlebte – einige gut, andere schlecht. Er beschreibt eine Reise mit einem herrlichen Wesen aus Licht- und Kraftströmen, das er als Christus identifiziert, und das ihn durch eine Serie von „Welten" führte. Die Welt der Verdammten existierte in diesem Fall auf einer weiten Ebene, die auf der Erdoberfläche zu liegen schien, wo gefallene Geister miteinander in beständigem Krieg standen. Eingeschlossen zum Kampf, Mann gegen Mann, schlugen und stießen sie sich gegenseitig. Überall gab es sexuelle Abartigkeiten und ein Heulen von Frustration, und die abscheulichen Gedanken jedes einzelnen wurden sofort von allen gelesen. Sie konnten Dr. Ritchie oder die Gestalt Christi bei ihm nicht sehen, und diese Gestalt zeigte nichts als Mitleid und Unglück darüber, daß diese Menschen ihren eigenen Untergang besiegelt hatten.

Pastor Kenneth A. Hagin erinnert sich in seinem Traktat „My Testimony" (Mein Zeugnis) an Erfahrungen, die sein ganzes Leben veränderten. Dieses Erlebnis brachte ihn dazu, Geistlicher zu werden, um es anderen weiterzusagen. Er erzählt folgendes:

„... Am einundzwanzigsten April 1933, Samstag abends um 19.30 Uhr, in McKinney, Texas, fünfzig Kilometer nördlich von Dallas, hörte mein Herz auf zu schlagen, und der geistliche Mensch, der in meinem Körper lebt, verließ den Körper... Ich ging abwärts, tiefer und tiefer, bis die Lichter der Erde entschwanden... Je tiefer ich hinunter kam, umso schwärzer wurde es, bis alles nur noch schwarz war. Ich hätte meine Hand nicht einmal sehen können, wenn ich sie einen Zentimeter vor die Augen gehalten hätte. Je tiefer ich hinunter kam, um so heißer und stickiger wurde es.

Schließlich konnte ich, weit unter mir, Lichter an den Wänden der Höhlen der Verdammten flackern sehen. Sie spiegelten die Feuer der Hölle wider. Der riesige, weiß leuchtende Feuerball zog mich... zog mich an, wie ein Magnet Metall anzieht. Ich wollte nicht dorthin! Ich lief auch nicht darauf zu, aber so wie das Metall auf den Magneten zuspringt, wurde mein Geist von diesem Ort angezogen. Ich konnte meine Augen nicht davon abwenden. Die Hitze schlug mir entgegen. Viele Jahre sind seitdem vergangen, und doch steht es mir heute noch genau so vor Augen, wie ich es damals gesehen habe. Die Erinnerungen daran sind so frisch, als wäre es letzte Nacht passiert...

Als ich den Boden der Grube erreichte, wurde mir bewußt, daß sich an meiner Seite eine Art geistliches Wesen befand. Ich hatte mich nicht danach umgeschaut, weil ich meine Augen nicht vom Höllenfeuer abwenden konnte; aber als ich anhielt, legte die Kreatur ihre Hand auf meinen Arm, zwischen Schulter und Ellenbogen, um mich hineinzugeleiten. Im selben Moment sprach eine Stimme von weit her über der Schwärze, über der Erde, über dem Himmel. Es war die Stimme Gottes, obwohl ich ihn nicht sah; und ich weiß nicht, was er sagte, denn er sprach nicht Englisch. Er sprach in einer anderen Sprache, und als er sprach, widerhallte es durch die ganze Region der Verdammten und schüttelte sie wie ein Blatt im Wind und ließ die Kreatur ihren Griff lösen. Ich drehte mich nicht um, aber da war eine Kraft, die mich zog, und ich kam zurück – weg von dem Feuer, weg von der Hitze, zurück in den Schatten der Finsternis. Ich begann, aufzusteigen, bis ich an den Rand der Grube kam und das Licht der Erde sah. Ich kam, genauso wirklich wie immer, in das Zimmer zurück. Ich ging durch die Tür hinein, obwohl mein Geist keine Tür brauchte.

Ich schlüpfte zurück in meinen Körper, so wie ein Mann morgens in seine Hosen schlüpft; genauso, wie ich ihn verlassen hatte: durch den Mund. Dann sprach ich mit meiner Großmutter. Sie sagte: „Mein Sohn, ich dachte, du wärst tot. Ich dachte schon, du wärst von uns gegangen."

Abstieg zur „Hölle"

... Ich wollte, ich hätte die Worte, um diesen Ort zu beschreiben. Die Menschen gehen so selbstzufrieden durch das Leben, als müßten sie nicht mit einer Hölle rechnen; aber das Wort Gottes und meine eigene Erfahrung sagen mir etwas ganz anderes. Ich weiß, was es heißt, bewußtlos zu sein – es ist alles schwarz, wenn man bewußtlos ist; aber ich sage ihnen, es gibt keine Schwärze wie die Finsternis dort draußen."

Viele andere „Höllen"-Fälle haben sich sehr schnell angesammelt, aber ich möchte sie hier nicht alle aufführen. Einer, den ich jedoch erwähnen sollte, handelt von einem gewöhnlichen Kirchenmitglied. Der Mann war bei seinem Tode überrascht, daß er nun durch einen in der unteren Hälfte mit Feuer schwelenden Tunnel herabstieg, der zu einer riesigen, feurigen Welt des Schreckens führte. Er sah einige seiner Freunde aus der „guten alten Zeit", die ihn in ausdrucksloser Apathie anstarrten und die mit nutzlosen Lasten beladen waren und ständig ziellos umhergingen, aber nie anhielten – aus Angst vor den „Haupttreibern", die, wie sie sagten, unbeschreiblich seien. Völlige Finsternis umgab diese Szene zielloser Aktivität. Er konnte der ewigen Gefangenschaft entfliehen, weil er von Gott auf wundersame, unerklärliche Weise gerufen wurde herauszukommen. Seit dieser Zeit warnt er, einem starken inneren Drang folgend, andere vor der Gefahr der Selbstzufriedenheit und weist sie auf die Notwendigkeit hin, eine klare Haltung im Glauben einzunehmen.

Selbstmord

Durch den Selbstmord versuchen viele Menschen, „mit allem Schluß zu machen". Nach den Fällen zu schließen, die ich selbst gesehen habe, oder über die ich von anderen Ärzten gehört habe, fangen sie damit höchstens „mit allem" an. Ich weiß von keiner einzigen „guten" Erfahrung außerhalb des Körpers, die auf Selbstmord zurückzuführen ist. Es machten allerdings nur wenige von denen, die Selbstmord versuchten, Erfahrungen, über die sie auch sprechen. Hier ist ein Bericht, den einer meiner Kollegen gab:

„Ein vierzehn Jahre altes Mädchen war verzweifelt, als sie ihr Schulzeugnis bekam. Die Gespräche mit ihren Eltern drehten sich gewöhnlich um ihre Fehler, und in letzter Zeit darum, daß sie es nicht geschafft habe, an die Noten ihrer Schwester, die einige Jahre älter war und so ziemlich alles erreicht hatte, heranzukommen. Selbst über ihr Aussehen wurden Vergleiche angestellt. Sie schien nie irgendwelches Lob zu empfangen; und nun sollte sie den Eltern mit ihrem Zeugnis gegenübertreten. Sie ging auf ihr Zimmer, und nachdem sie nachgedacht hatte, wie sie das Problem wohl am besten lösen könne, nahm sie eine Flasche mit Aspirin aus dem Badezimmer. Darin waren vermutlich achtzig Tabletten, und sie mußte sehr viel Wasser trinken, um sie hinunterzuschlucken. Ihre Eltern fanden sie ein paar Stunden später im Koma vor. Sie hatte sich über ihr Gesicht und auf das Kissen erbrochen. Glücklicherweise war wohl ein Großteil der Aspirintabletten nicht absorbiert worden, und sie erholte sich

Abstieg zur „Hölle"

einige Stunden später in der Notfallaufnahme des Krankenhauses – nachdem wir ihr den Magen ausgepumpt und Natriumbikarbonat verabreicht hatten, um die Übersäuerung zu neutralisieren, die besondere Atembeschwerden verursachte; ein Charakteristikum des durch Aspirin verursachten Komas.

Während des Erbrechens gelangte etwas vom Erbrochenen in die Luftröhre; sie bekam einen Stimmritzenkrampf, hörte auf zu atmen und erlitt einen Herzstillstand. Der ließ sich jedoch sogleich wieder beheben – durch externe Herzmassage und einen Atemschlauch, den man ihr durch den Hals in die Luftröhre schob. Sie kann sich nur mäßig an diese Wiederbelebung erinnern; jedenfalls sagte sie wiederholt: „Mama, hilf mir! Die sollen mich loslassen! Die wollen mir weh tun!" Die Ärzte wollten sich entschuldigen, weil sie ihr wehgetan hätten – aber sie sagte, es wären nicht die Ärzte, sondern „die Dämonen in der Hölle... die lassen mich nicht los... die wollten mich... ich konnte nicht zurück... es war einfach furchtbar!"

Sie schlief noch einen ganzen Tag, und ihre Mutter hielt sie die meiste Zeit im Arm. Nachdem die verschiedenen Schläuche entfernt worden waren, bat ich sie, sich an das zu erinnern, was vorgefallen war. Sie erinnerte sich, daß sie das Aspirin nahm, aber dann an nichts mehr! Vielleicht sind die Begebenheiten noch irgendwo in ihrem Unterbewußtsein verdrängt.

Sie wurde dann anschließend, einige Jahre später, Missionarin. Es trat keine Niedergeschlagenheit mehr auf.

Man sagte mir, daß sie überall, wo sie hingehe, frohen Mut mitbringt – und damit ansteckend auf andere wirkt."

Das Vordringen der Depression, der Vorstufe zum Selbstmord, ist erschreckend. Selbstmord steht, was die Häufigkeit der Todesursachen in den Vereinigten Staaten betrifft, an elfter Stelle und schlägt mit etwa 25 000 Toten jährlich zu Buche; also etwa 1,5 Prozent aller Todesfälle. In den Teenagerjahren ist er nach dem Verkehrsunfall die häufigste Todesursache. Auf jeden Todesfall kommen dann vermutlich noch verschiedene erfolglos gebliebene Selbstmordversuche. Die Selbstmordgedanken werden meistens, wie die negativen Todeserfahrungen, nicht erwähnt – geschweige denn erörtert. Man scheint sie als etwas zu betrachten, das unter den Teppich gekehrt werden muß – etwas, was man verbergen muß, weil es dem gesellschaftlichen Ansehen schadet. Und doch wird die Heilung eines solchen verletzten und beeinträchtigten Gefühlslebens nur durch Offenlegung und Erörterung erreicht.

Bedingt durch die Gefühlskrankheiten schoß unser Umsatz an Beruhigungsmitteln und Antidepressiva sprunghaft in die Höhe. Die meisten Leute, die ich kenne, scheinen „etwas zu nehmen". Valium rangiert jetzt, was Gewinn und Popularität unter den Medikamenten in den USA betrifft, gleich an zweiter Stelle nach den Aspirin-Produkten.

Der folgende Fall betrifft eine fünfundvierzig Jahre alte Hausfrau, die an immer wiederkehrender Niedergeschlagenheit litt:

Abstieg zur „Hölle"

„Niemand liebte mich. Mein Mann und meine Kinder benutzten mich nur als Dienstmädchen. Ich mußte immer den Dreck hinter ihnen wegputzen, aber sie taten so, als ob ich gar nicht existiere.

Eines Abends habe ich geweint, und niemand hat zugehört. Ich nahm etwas Valium und sagte ihnen, daß ich nicht mehr leben möchte. Sie haben immer noch nicht zugehört, da habe ich die ganze Flasche genommen – das waren fünfzig.

Und dann war es zu spät. Ich wußte, jetzt hatte ich es getan – jetzt würde ich sterben! Es war eine Sünde – aber das war das Leben ja auch!

Mir wurde ganz elend, und ich erinnere mich, daß ich in ein schwarzes Loch versank und mich drehte. Dann sah ich einen leuchtenden, glühenden Punkt, der größer und größer wurde, bis ich wieder aufrecht stehen konnte. Alles war glühend heiß und brannte. Die Erde war wie dicker Schlamm, der mir über die Füße lief; so zäh, daß ich mich kaum bewegen konnte. Die Hitze war furchtbar und verursachte mir Atembeschwerden. Ich schrie: „O Herr, gib mir noch einmal eine Chance!" Ich betete und betete. Ich werde nie erfahren, wie ich dann zurückkam.

Man sagte mir, ich wäre zwei Tage lang bewußtlos gewesen, und man hätte mir den Magen ausgepumpt. Sie sagten auch, mein Erlebnis in der Hölle müßte wohl ein Drogentrip gewesen sein; aber genau wissen sie das auch nicht. Ich habe vorher schon oft Valium genommen, aber noch nie so ein Erlebnis gehabt."

Eine andere verzweifelte Frau – die Mutter einer vierundzwanzigjährigen Tochter, die sich von ihrem Freund vernachlässigt fühlte und Selbstmord beging – versuchte ihrerseits, gleich nach dem Begräbnis ihrer Tochter, sich mit einer Überdosis Amytal, einem Barbiturat, das Leben zu nehmen. Sie hoffte, dann bei ihrer Tochter zu sein. Anstatt ihre Tochter zu sehen, fand sie sich an einem höllenartigen Ort vor, wo sie auf einer von zwei satanischen Wesen festgehaltenen Decke hin- und hergestoßen wurde. Diese Szene spielte sich in einer hohen, angsterregenden Höhle ab. Die Wesen, so sagte sie, hatten Schwänze und Schlitzaugen und sahen furchtbar aus. Nach der Reanimation und einer Magenspülung erholte sie sich; und man sagte ihr, daß ihr Erlebnis vermutlich auf Drogen zurückzuführen sei. Sie ist aber noch immer vom Gegenteil überzeugt. Durch dieses Erlebnis empfing sie einen neuen Lebenssinn und neue Einsicht, und jetzt organisiert sie Clubs, wo überlebende Familienmitglieder von Selbstmordopfern Hilfe finden, ihre Gefühle zu bewältigen.

Was sind die praktischen Folgen des Selbstmords? Erreicht derjenige, der Selbstmord versucht, was er damit anstrebt? Ist der Selbstmord tatsächlich schmerzlos? Kürzlich suchte ein prominentes, hingegebenes, kinderloses Rentnerehepaar als Allheilmittel den Selbstmord. Die Frau mußte aufgrund einer chronischen Lungenkrankheit, die sie von der Sauerstoffflasche abhängig machte und geistige Verwirrung verursachte, in der Klinik bleiben.

Abstieg zur „Hölle"

Als man ihren Ehemann über die Endgültigkeit ihres Zustands informierte, beschloß er, sie für einige Tage mit nach Hause zu nehmen, um zu sehen, ob ihre Niedergeschlagenheit und Verwirrung in vertrauter Umgebung abnehmen würden. Er sagte, er wolle „sich zu Hause um sie kümmern". Das tat er auch.

Offensichtlich nicht bereit, seine Frau unter ständiger Bedrückung und Verzweiflung leiden zu sehen, schoß er ihr mehrmals durch den Kopf. Nachdem er einen Freund angerufen hatte, um ihm die Umstände zu erklären, schoß er auch sich selbst durch den Kopf. Unglücklicherweise starb er. Sie überlebte. Wie man also sieht, versagte sein Versuch, die schlechte Situation zu verbessern; er hatte die falsche Lösung gewählt.

Nach diesem Vorfall wurde mir klar, daß ich den falschen Patienten behandelt hatte! Ich hatte die Niedergeschlagenheit und hoffnungslose Frustration des Ehemannes übersehen. Stattdessen hatte ich der Patientin, die das Bett hütete, meine ganz Aufmerksamkeit gewidmet. Die Hilfe Gottes hatte ich nicht erbeten, geschweige denn für wichtig erachtet. Rückblickend stellte ich fest, daß dies schon immer eines meiner Probleme war. In Notfällen bitte ich automatisch um Hilfe; bei länger anhaltenden Problemen suche ich nach eigenen Lösungen.

Licht, das Finsternis ist

Vielleicht sollten wir nochmals die Kontroverse hinsichtlich der Bedeutung des „Lichtstrahls" erwähnen, dem viele in ihren Erfahrungen im Tode begegneten. Das Licht erschien in den „guten" Erfahrungen und schien auszudrücken, daß alle Menschen angenommen werden. Nach einigen zu schließen, gab es da ein Gefühl universeller Vergebung – ein allgemeines ekstatisches Glücksgefühl – oder unbeschreiblichen Friedens und Glückseligkeit. In „Leben nach dem Tod" erwähnt Dr. Moody, er habe nicht einen einzigen Hinweis auf Himmel oder Hölle finden können. Wo irgendwelche sündige Taten eines Einzelnen offenbar wurden, schien es zu keinerlei Gericht zu kommen. Die Lichtwesen zeigten keinerlei zornige Reaktion, sondern nur „Verständnis".

Stephen Board setzt sich mit dieser Beobachtung auseinander. In seinem Artikel „Light at the End of the Tunnel" (Licht am Ende des Tunnels) bringt er zum Ausdruck, er glaube, der „wohlwollende" Lichtstrahl, wie er von Moody beschrieben wurde, sei getragen von moralischer Toleranz und der Philosophie „Ich bin O.K., du bist O.K.". Um aufzuzeigen, daß nicht in allen Fällen von einem Lichtengel die Rede ist, berichtet Board von einer Begegnung mit einem „Todesengel", über die Dr. Phillip Swihart, Klinikpsychologe und Direktor des Colorado Mental Health Center in Monrose, Colorado, Aufzeichnungen erstellte:

„Es war Freitag nacht, Anfang Januar 1967, als ich angegriffen, geschlagen und fast zu Tode getreten wurde.

Abstieg zur „Hölle"

Im Krankenhaus entschied der Arzt, daß ich für den Rest der Nacht unter Beobachtung bleiben sollte; am Morgen wollte er dann zwecks Untersuchung meinen Unterleib öffnen...

Während ich im OP lag und auf die Operation wartete, fühlte ich die Gegenwart von irgend etwas – oder irgendeiner Macht – und ich dachte: „Jetzt ist es aus." Danach Finsternis. Die Zeit spielte keine Rolle mehr. Ich hatte keine Ahnung, wie lange ich ohne jedes Gefühl in der Finsternis war. Dann wurde es hell. Ich wachte auf und wußte: Das ist Wirklichkeit. Ich sah mein ganzes Leben vor mir vorbeiziehen. Jeder Gedanke, jedes Wort und jede Bewegung in meinem Leben, seit der Zeit, als ich erkannt hatte, daß Jesus lebt. Ich war noch sehr jung gewesen, als ich Jesus Christus als meinen Heiland annahm. Ich sah Dinge, die ich getan, aber längst vergessen hatte; ich erinnerte mich nun daran, als ich sie vor mir vorbeiziehen sah. Dieses Erlebnis war, um es ganz gelinde zu sagen, unglaublich. Jede Einzelheit – bis zur Gegenwart. Das alles muß wohl im Bruchteil einer Sekunde stattgefunden haben, und doch war es alles so lebendig.

Die ganze Zeit, während ich mein Leben an mir vorbeiziehen sah, fühlte ich die Gegenwart irgendeiner Macht, aber ich konnte sie nicht sehen. Danach wurde ich von völliger Finsternis verschluckt. Dann hielt ich an. Ich fühlte mich wie in einem großen Hohlraum. Es muß ein ziemlich großer Raum gewesen sein und völlig finster. Ich konnte nichts sehen, aber ich fühlte die Gegenwart dieser Macht.

Ich fragte die Macht, wer ich sei und wer er oder es sei. Die Verständigung fand nicht durch reden statt, sondern durch einen Strom von Energie. Er antwortete mir, er sei der Todesengel. Ich glaubte ihm. Der Engel redete weiter und sagte, mein Leben sei nicht so gewesen, wie es hätte sein sollen, und daß er mich mitnehmen könnte; aber man würde mir noch einmal eine Chance geben – ich sollte zurückkehren. Er versicherte mir, daß ich 1967 noch nicht sterben würde.

Das nächste, woran ich mich erinnere, ist, daß ich wieder in meinem Körper war und im Aufwachraum lag. Dieses Erlebnis hatte mich so gefangengenommen, daß ich überhaupt nicht bemerkt hatte, was für einen Körper ich dort hatte oder wieviel Zeit vergangen war; es war so wirklich – ich glaube daran.

Später im gleichen Jahr fuhr mir ein Auto über Nacken und Schultern. Noch später im selben Jahr war ich in einen Autounfall verwickelt, bei dem beide Autos als Totalschaden zurückblieben. Beide Unfälle überstand ich fast völlig unverletzt. Ich hatte an keinem von den Unfällen Schuld.

Ich habe nur wenigen Menschen von meiner Erfahrung erzählt; ich wollte nicht, daß man mich für verrückt hält. Aber für mich war die Begegnung sehr real, und ich glaube noch immer, daß ich mit dem Todesengel zusammen gewesen bin."*

Viele Theologen setzen sich ebenfalls mit dem Konzept universeller Vergebung auseinander, das durch den

* Stephen Board: Light at the End of the Tunnel, Eternity, Juli 1977

Abstieg zur „Hölle"

„Lichtengel" dargeboten wird, dem ja so viele Patienten anläßlich ihrer „guten" Erfahrungen begegnen – ohne Rücksicht darauf, ob sie einen entsprechenden Lebenswandel geführt hatten, und ob sie gläubig waren oder nicht. Satan, der selten in einem schlechten Licht erscheint, ist durchaus fähig, selbst als Engel aufzutreten (s. auch 2. Korinther 11, 14–15).

Billy Graham erinnert uns daran, daß es für alle Menschen ein Leben nach dem Tode gibt. Diejenigen jedoch, die Jesus Christus nie als Herrn und Heiland angenommen haben, „werden in die ewige Pein gehen, aber die Gerechten in das ewige Leben" (Matth. 25, 46). Da nicht alle die Errettung erfahren werden, erinnern uns einige Theologen daran, daß Satan nicht immer nur als der Böse erscheint, sondern auch ein Meister der Verkleidung, der zu den gerissensten Täuschungen fähig ist. Er kann einen Engel des Lichts vortäuschen, um die Ungeretteten davon zu überzeugen, daß sie schon gerettet wären, oder um von der Notwendigkeit des Evangeliums Christi abzulenken.

Mehrschichtige Erfahrungen

Einige Patienten, mit denen ich sprach, berichteten von mehrschichtigen Erfahrungen bei wiederholter Bewußtlosigkeit. Diese Erlebnisse können dann zunächst schlechter und hierauf guter Art sein; bis jetzt jedoch noch nie in umgekehrter Reihenfolge. Einige ähneln dem ersten Fall, den ich beschrieben habe – dem Mann, der sagte, er sei in der Hölle, und der dann zu Gott um Hilfe rief und später eine angenehme Erfahrung machte.

Ich erinnere mich an einen ähnlichen Fall, den ich mir allerdings schwer erklären kann. Hier handelt es sich um einen standhaften Christen, den Gründer einer Sonntagsschule, der die Kirche sein Leben lang unterstützte. Er hatte dreimal einen Herzinfarkt, dreimal Herzkammerflimmern, wurde dreimal wiederbelebt und hatte auch drei Erlebnisse im Tod. Das erste davon war furchterregend; die nächsten zwei waren recht angenehm, ja sogar euphorisch.

„Ich erinnere mich nicht an die Umstände, die meiner ersten Ohnmacht vorangingen. Man sagte mir, ich wäre tot gewesen, und als ich aufwachte, sah ich zwei gerötete Hautstellen von der Größe kleiner Untertassen – eine links auf dem Brustkorb und eine im oberen Bereich des Brustbeins. Man sagte mir, dort wären die Elektroden für den Elektroschock angelegt worden. Auch daran kann ich mich nicht erinnern. Ich erinnere mich aber, daß sie mich, gleich nachdem ich aufgewacht war, fragten, was passiert sei. Alles, woran ich mich erinnere, ist, daß ich in eine Finsternis hineinfiel, und dann sah ich überall rote Schlangen über mich kriechen. Ich konnte sie nicht los werden. Wenn ich eine von ihnen von mir warf, kam dafür eine andere. Es war schrecklich! Schließlich wurde ich von irgend etwas auf den Boden gezerrt, und dann kamen noch andere krabbelnde Dinge auf meinen Körper. Manche sahen aus wie rotes Gelee. Ich schrie laut, aber niemand hörte mich. Ich hatte den Eindruck, daß noch viele andere Menschen um mich herum in der gleichen

Abstieg zur „Hölle"

Zwangslage waren. Da war ein Geräusch wie von menschlichen Stimmen, und einige von ihnen schrien. Es war dort rötlich-schwarz und dunstig, und man konnte kaum etwas sehen; aber Flammen habe ich keine gesehen. Da war auch kein Teufel – nur diese krabbelnden Dinger. Obwohl ich große Schmerzen im Brustkorb hatte, kann ich mich noch erinnern, wie froh ich war, aufzuwachen und dort wieder herauszukommen. Ich war auch froh, meine Familie zu sehen. Ich möchte dahin nie zurück. Ich bin sicher, das war der Eingang zur Hölle."

Ohne einen für mich ersichtlichen Grund – es könnte natürlich irgendeine Wandlung oder neue Hingabe eingetreten sein, die nicht zu meiner Kenntnis gelangte – waren die zwei folgenden Erfahrungen dieses Patienten, während zweier weiterer Fälle klinischen Todes, angenehm. Eine davon versucht er im folgenden so zu beschreiben:

„Ich erinnere mich, daß die Krankenschwester ins Zimmer gekommen war, um mir durch einen Schlauch in der Nase Sauerstoff zu verabreichen, weil die starken Schmerzen im Brustkorb immer wiederkehrten. Sie sagte, sie würde kurz weggehen, um eine Spritze gegen meine Schmerzen zu holen. Ich erinnere mich, daß ich, während sie das sagte, das Bewußtsein verloren haben muß, denn sie rief durch die Tür der anderen Schwester, die an diesem Abend im Diagnostischen Zentrum Dienst hatte, zu: „Komm' schnell her! Herr Ledford hat einen Herzstillstand!" Das ist alles, woran ich mich erinnern kann. Es wurde alles schwarz, und dann erinnere ich mich, daß ich gesehen habe, wie sie sich an mir zu schaffen machten, und das kam mir merkwürdig vor, denn ich fühlte mich völlig in Ordnung. Ich mußte mich zur Seite bewegen, damit ich mein Gesicht sehen konnte, um sicher zu sein, daß das auch mein Körper war. Dann kamen auch noch etwa drei oder vier oder noch mehr Leute herein. Einer davon war der Junge, der für den Sauerstoff zuständig war; und die anderen schienen Schwestern von einer anderen Station zu sein. Dann schien wieder alles zu verschwinden, und es wurde wieder schwarz um mich. Ich bewegte mich durch einen langen Korridor, und nach einer Weile sah ich ein kleines Lichtpünktchen, das wie ein Vogel aussah; es wurde dann langsam immer größer, bis es wie eine weiße Taube im Flug aussah, und es wurde immer größer und größer und immer heller und breitete sich aus, bis die ganze Umgebung in einem schillernden, herrlichen Licht erstrahlte. So etwas hatte ich vorher noch nie gesehen. Ich fand mich auf einer wogenden, grünen Wiese wieder, auf der es etwas bergauf ging. Ich sah meinen Bruder – und er lebte; dabei erinnerte ich mich noch genau, wann er gestorben war. Er war so froh, mich zu sehen. Wir umarmten uns dort, mitten auf der Wiese. Ich hatte Tränen in den Augen, und wir liefen Arm in Arm auf der Wiese entlang. Ich erinnere mich, daß wir ein Stück bergauf gingen, und dann kamen wir an einen weißen Zaun; über den kam ich nicht hinüber. Irgendeine Kraft schien mich davon abzuhalten, über den Zaun zu gelangen. Ich habe auf der anderen Seite niemanden gesehen, und es schien auch gar keinen Grund zu geben, warum ich nicht über den Zaun kommen konnte.

Das nächste, woran ich mich erinnere, war ein dumpfer Schlag auf meiner Brust. Jemand schlug und drückte auf

Abstieg zur „Hölle"

mir herum. Ich dachte, meine Rippen brächen, und ich wachte auf und schaute Ihnen ins Gesicht! Ich erinnere mich, daß ich gar nicht zurückkommen wollte. Was ich da gesehen hatte, war so schön, daß man es nicht ausdrücken kann!"

Das war sein zweites Erlebnis. Er konnte sich an lebendige Details dieser wunderbaren Existenz erinnern, aber er konnte sich weder an Einzelheiten des schmerzlich unangenehmen ersten Erlebnisses erinnern, noch konnte er eine Erklärung dafür finden, warum so etwas bei ihm aufgetreten war.

Seine dritte Erfahrung war ebenfalls angenehm; er erinnerte sich gut daran:

„Ich schwebte über eine wunderschöne Stadt und sah nach unten. Es war die schönste Stadt, die ich je gesehen habe. Da waren auch Menschen. Alles war weiß. Der ganze Himmel war erleuchtet, heller als die Sonne. Ich schickte mich gerade an, hinunterzuschweben, um in dieser Stadt herumzulaufen; da fand ich mich in meinem Körper wieder und fühlte einen furchtbaren Schlag, als man mir die Scheiben anlegte, um mein Herz wieder zum Schlagen zu bringen. Wenn es nicht auch um meine Frau ginge, wünschte ich mir, man hätte mich nicht zurückgeholt."

Diesem Patienten wurde schließlich sein Wunsch erfüllt. Er starb vier Monate später zum vierten Mal, und zwar an Dickdarmkrebs. Dieser Zustand stand in keinem wie auch immer gearteten Zusammenhang mit den Herzanfällen – von denen ich eigentlich erwartet hatte, daß sie schließlich seinen Tod verursachen würden. Ich habe mich schon oft gefragt, was er jetzt wohl tut.

8. Kapitel
Vom Umgang mit Sterbenden

Bei unseren Erörterungen über den Tod geht es um Menschen, die wissen oder überzeugt sind, daß sie sterben – meistens an einer gefürchteten Krankheit. Wie es nun einmal so ist, sind das jene unserer Patienten, die am ehesten vernachlässigt werden und vielleicht die einsamsten. Sie mögen unzählige Fragen haben, aber niemand hört ihnen zu oder hat gar Antworten bereit.

Die meisten im Endstadium erkrankten Leute wissen instinktiv, daß sie sterben werden – ohne daß man sie darüber informiert. So kommt es im Krankenzimmer mitunter zu gewaltigen schauspielerischen Leistungen, wenn Besucher und Patient jeweils so tun, als wisse der andere nicht Bescheid, und jeder versucht, den anderen zu täuschen, indem er beim Gespräch größte Vorsicht walten läßt. Sterbende Patienten brauchen eine enge Beziehung und Sympathie von jemandem, der Bescheid weiß und in der Lage ist, mit ihnen darüber zu sprechen. Der sterbende Patient sollte nicht länger ein vernachlässigter Patient sein. Der physische Tod ist eine zum Leben gehörende Tatsache; aber aus Angst vor der Erörterung dieses Todes die Menschen im geistlichen Tod zu lassen, wäre Torheit und Herzlosigkeit.

Die meisten von uns vermeiden es, an das Sterben zu denken. Allein schon das Thema läßt Gespräche verebben. Oft behandeln wir diejenigen, die im Endstadium erkrankt sind, als seien sie aussätzig. Wir schließen sie in Krankenhäusern ein und berauben sie all der Freuden, die ihnen einst das Leben erfüllt und sinnvoll sein ließen: Kinder, Freunde, Musik, gutes Essen, Heim, Liebe und ehrliche Gespräche. Aber bald wird die Reihe an uns kommen; wir werden im gleichen Bett liegen, uns in der gleichen Zwangslage befinden und an den Tod denken.

Stellen Sie sich einmal vor, Ihr Arzt eröffnet Ihnen plötzlich, Sie litten an einer unheilbaren Krankheit und hätten nicht mehr lange zu leben – wie würden Sie reagieren? – Mit Unglauben? Verdrängung? Depression?

Von der Vielfalt der Literatur über den Tod sammelten und analysierten die zwei Psychologen Dr. Karlis Osis und Dr. Erlendur Haraldsson in ihrem Buch „At the Hour of Death" (In der Todesstunde) eine beträchtliche Anzahl von Fallstudien über sterbende Patienten aus allen Nationen. Dr. Phillip Swihart führt in seinem Buch „The Edge of Death" (Die Todesklippe) noch weitere Fälle an. Dr. Elisabeth Kübler-Ross, eine Psychiatrin, verdient als Pionier der Studien über sterbende Patienten besondere Beachtung; und ihren Schlußfolgerungen wollen wir uns jetzt zuwenden.

Der Fünf-Phasen-Prozeß

Nachdem sie mit mehreren hundert Patienten Gespräche führte, zeigt Dr. Kübler-Ross in ihrem Buch „Interviews mit Sterbenden" fünf fortschreitende Phasen des Gefühlslebens eines durchschnittlichen Patienten in Er-

Der Umgang mit Sterbenden

wartung seines Todes auf: Nichtwahrhabenwollen, Zorn, Verhandeln, Depression und Annahme.*

1. Nichtwahrhabenwollen. Fast immer besteht die erste Gefühlsphase des sterbenden Patienten darin, daß er es nicht wahrhaben will. Für ihn ist der Tod eine katastrophale Ankündigung des Untergangs. Der Patient zieht sich vielleicht mit dem Schrecken seiner drohenden Vernichtung in sich selbst zurück. „Ich doch nicht; – das kann ja gar nicht sein." „Die Diagnose stimmt nicht." „Man hat die Röntgenbilder vertauscht." „Da ist irgendwo ein Fehler bei der Diagnose unterlaufen." Um dieser Verdrängung Vorschub zu leisten, sucht der Patient unter Umständen mehrere Ärzte auf.

„Das Nichtwahrhabenwollen schiebt sich wie ein Puffer zwischen den Kranken und sein Entsetzen über die Diagnose; er kann sich wieder fangen und andere, weniger radikale Wege zur inneren Verteidigung suchen. Trotzdem ist er vielleicht bereit, ja erleichtert und befriedigt, wenn er mit einem anderen Menschen über sein bevorstehendes Ende sprechen kann" – wenn es sich um jemanden handelt, der echtes Interesse zeigt. Andererseits ist es mitunter auch der Patient, der feststellt, daß er im Sterben liegt – noch bevor der Arzt es wahrnimmt. Dann möchte er vielleicht darüber sprechen, findet aber niemanden, der zuhört. In der Tat scheint niemand über den Tod reden zu wollen. Vielleicht ist es ein unangenehmes Thema – ja, vielleicht fühlt man sich dabei in seiner eigenen Existenz bedroht.

* Elisabeth Kübler-Ross: Interviews mit Sterbenden, Kreuz-Verlag, Stuttgart 1971

Es scheint sich im kulturellen Erbe Amerikas hinsichtlich der alten Menschen eine beängstigende Wandlung anzubahnen. Jedes Jahr sterben zwei Millionen Amerikaner. Mehr als achtzehn Millionen Amerikaner sind jetzt über fünfundsechzig Jahre alt. Etwa achtzig Prozent der Todesfälle treten in Altenpflegeheimen oder Krankenhäusern ein – und nicht in Privathäusern, wo sich der Sterbende im Kreis seiner Familie befindet. Der Sterbefall wird also aus dem Haus in das Krankenhaus abgeschoben und dort von allen Beteiligten mit großer Distanz behandelt. Wir Ärzte empfingen keine Ausbildung zur seelischen Fürsorge an älteren und sterbenden Patienten; höchstens an kranken Patienten.

Des weiteren wird die Struktur des Krankenhauses nach dem Leistungsprinzip gestaltet und ist somit fast gänzlich unpersönlich geworden. Auf der durchschnittlichen Intensivstation, zum Beispiel, hat die Familie während einer Stunde etwa fünf Minuten Zugang, während der Patient den Rest der Zeit von Fremden versorgt wird. Je schlimmer die Krankheit, um so mehr mechanische Geräte werden angeschlossen. Je weiter die Krankheit fortschreitet, um so mehr Spritzen bekommt er, um so weniger persönlichen Kontakt kann er fühlen, um so fremdartiger erscheint ihm seine Umgebung; – und er stirbt allein und ohne Freunde.

Aufgrund der Krankheitsvorsorge und -heilung bei Personen jüngeren und mittleren Alters steigt die Anzahl derer, die älter werden; und da die Menschen älter werden, nehmen auch die bösartigen und chronischen Krankheiten im Alter zu. Wenn der gegenwärtige Trend anhält,

Der Umgang mit Sterbenden

wird die Anzahl älterer Personen die Anzahl derjenigen übersteigen, die vom Physischen her dazu fähig sind, für ihre Unterstützung aufzukommen. Das wird zu wirtschaftlichen Problemen führen. Schon jetzt aber scheint die Durchschnittsfamilie dahin zu tendieren, die Fürsorge für ihre älteren Familienmitglieder abzuschütteln und sie stattdessen in Pflegeheime zu geben oder in der Versenkung eines anderen menschlichen „Schrottplatzes" verschwinden zu lassen.

Ich erinnere mich an einen älteren Patienten, der in der deprimierenden Atmosphäre eines ziemlich abstoßenden Pflegeheimes dahinvegetierte. Man behandelte ihn wie persönlichkeitsloses Fleisch; ein vergessener Patient unter anderen verlorenen Seelen. Eines Tages erkrankte er akut an Lungenentzündung und wurde in das nächste Krankenhaus eingeliefert, wo auch die Antibiotika, der Sauerstoff und die Infusionen nichts nützten – er starb, obwohl die medikamentöse Behandlung von guter Qualität war. Er konnte keine Behandlung seiner Gefühle bekommen, keine Fürsorge, die seiner Seele galt. Er war ohne Freunde, verängstigt, vergessen und allein. Für ihn hatte es keine Möglichkeit gegeben, mit irgend jemandem über Geld, die Familie, Religion oder den Tod zu sprechen. Und niemand fragte ihn, ob er auf das Leben nach dem Tod vorbereitet sei.

Natürlich sollten Dialoge dieser Art in privater Umgebung stattfinden, wenn es dem Patienten angenehm ist und nur, wenn er es gestattet. Das Gespräch sollte abgebrochen werden, wenn er kein Interesse am Thema zeigt oder wieder zum Nichtwahrhabenwollen zurückkehrt.

Man sollte das Thema jedoch zur Sprache bringen, bevor die Krankheit die Sinne des Patienten so weit angegriffen hat, daß er nicht mehr ansprechbar ist. Wenn sich der Gesprächspartner weiter zur Verfügung hält, auch wenn dem Patienten bei der ersten oder zweiten Begegnung nicht an einem Gespräch gelegen ist, wird er sicherlich ein gewisses Vertrauen gewinnen. Er merkt, daß der andere von echter Fürsorge für ihn erfüllt ist und ihn wirklich kennenlernen will. Der Patient möchte sich gewöhnlich jemandem in seiner Einsamkeit mitteilen und zeigt sich oft offen und auskunftsbereit, so daß sich eine bedeutungsvolle Beziehung entwickeln kann.

2. Zorn bildet gewöhnlich die zweite Phase. Sie wird erreicht, wenn der Patient den niederschmetternden Schlag der ersten Nachricht überwunden hat, auf den er reagiert: „Ich doch nicht, das kann gar nicht sein!" Das Nichtwahrhabenwollen wird durch Zorn abgelöst – durch Gefühle, die Haß, Wut, Neid und Groll ausdrücken. Er fragt sich: „Warum ausgerechnet ich?" oder: „Wie kann ein liebender Gott so etwas tun?"

In der Zornphase ist es, im Gegensatz zur Phase des Nichtwahrhabenwollens, äußerst schwierig, mit dem Patienten umzugehen. Der Patient denkt und sagt dann zum Beispiel: „Die Ärzte haben überhaupt keinen Durchblick. Die sind ja nicht einmal fähig, mich richtig zu behandeln." Solche Patienten stellen dann viele Anforderungen an die Schwestern und Pfleger und wollen ständig Aufmerksamkeit. Man kann ihnen nichts rechtmachen.

Eine meiner Herzpatientinnen, eine achtundsechzigjährige Dame, verfiel in solch eine zornige, kritische Haltung.

Der Umgang mit Sterbenden

Sie wurde äußerst empfindlich. Das Essen war ihr zu schlecht, das Essen war fürchterlich, und bei einer Visite wandte sie sich an mich und sagte: „Jetzt werden Sie auch schon so, daß Sie nichts mehr richtigmachen!" Sie war aufbrausend und jedem gegenüber kritisch; besonders gegen ihren Ehemann. Er verließ sie schließlich. Trotz ihrer Einsamkeit verharrte sie in ihrer Zornphase und ihrem Groll. Obwohl inzwischen etwas gegen ihre Herzkrankheit hatte getan werden können und damit auch der drohende Tod abgewendet wurde, blieb ihre Bitterkeit. Sie scheint Gott und der ganzen Welt böse zu sein.

3. Verhandeln, manchmal die dritte Phase, ist etwas, was bei den Ärzten noch umstritten ist; manche sind gleicher, manche anderer Meinung als Dr. Kübler-Ross. Mitunter folgt auf die Zornphase eine Phase guten Benehmens, in der Hoffnung, Gott zu gefallen oder mit ihm zu handeln, da der Zorn nichts fruchtete. Diese Phase scheint kurz zu sein.

Ich erinnere mich an einen Patienten, der versprach, er würde Gott sein ganzes Leben weihen und seine Zeit und sein Geld der Kirche zur Verfügung stellen, wenn er doch nur am Leben bliebe. Er blieb am Leben, aber sein Versprechen hat er bald vergessen.

Diese Verhandlungsphase erinnert mich an plötzliche Notlagen, in welchen Leute, die sonst nur beim Fluchen an Gott denken, nun inbrünstig zu ihm rufen. Akut verletzte Patienten rufen offenbar immer nach der „Mama" oder nach Jesus. Während dieser Phase des Verhandelns gesteht der Patient schließlich auch die Existenz Gottes ein – selbst wenn er das vorher noch nie getan hat.

4. Die vierte Phase ist oft Depression. Wenn der tödlich erkrankte Patient seine Krankheit und seine Zwangslage nicht länger leugnen kann, tritt an die Stelle seines Zorns und seiner Wut bald ein intensives Gefühl der Verlorenheit. Obwohl dieses Verlorenheitsgefühl anfänglich auch durch den Verlust der Arbeitsstelle, durch die Folgen der Operation oder die Angst, daß man den Freuden des Lebens entsagen muß, bewirkt werden kann, sieht er doch den größten Verlust darin, daß er sich selbst verliert. Wenn ein Mensch die Hoffnung verliert, so besiegelt dies seinen endgültigen Abstieg. Diejenigen unter den Patienten von Dr. Kübler-Ross, die entweder Atheisten oder tiefgläubige Menschen waren, konnten den Tod mit weniger Depression und größerer Ausgeglichenheit annehmen als die, die lau im Glauben waren.

Die Depressionsphase zeigte sich bei meinen eigenen Patienten in verschiedener Form. Ich erinnere mich zum Beispiel an einen Krebspatienten, der so depressiv war, daß er mit niemandem redete – weder mit Schwestern, noch mit Familienmitgliedern oder Freunden; er nickte nur mit dem Kopf – ja oder nein. Seine Depression erschwerte sich noch – zusätzlich zu seiner tödlichen Krankheit – dadurch, daß er sich für den Tod eines anderen Menschen verantwortlich fühlte. Später entdeckte er, daß der Tod des anderen Menschen in Wahrheit durch eine Krankheit herbeigeführt worden war. Da konnte er sich auch mit seinem eigenen Tod abfinden. Er stellte Nachforschungen über das Leben nach dem Tod an und begann bald darauf, sich offen mit seiner Familie zu unterhalten.

Der Umgang mit Sterbenden

5. Die Zustimmung sieht man als die fünfte Phase an. Nach der Depression und den Gedanken daran, liebgewordene Freunde und Erinnerungen zurücklassen zu müssen, sieht man schließlich dem Ende des eigenen Lebens mit einem gewissen Grad an Annahme und stiller Erwartung entgegen. Zweifellos behält man immer noch eine Haltung des Zurückziehenwollens, eine Apathie. Schließlich entwickelt sich mitunter eine Anschauung, in der man die Welt als etwas Wertloses betrachtet und die unangenehmen Dinge des Lebens überbetont.

Wenn auch der Patient seinen bevorstehenden Tod akzeptieren kann, kann sich mitunter seine Familie einfach nicht damit abfinden. Die Familienmitglieder vermeiden es dann, gerade die Dinge mit ihm zu erörtern, über die er am meisten wissen möchte: Ist der Tod etwas Schmerzhaftes? Gibt es ein Leben nach dem Tod? Wie kann man sich darauf vorbereiten? Wie kann man sich Gewißheit verschaffen?

Überlegungen und Vorahnungen

Nicht viele Patienten besaßen im Sterben Gewißheit über das jenseitige Leben. So liefert zum Beispiel Leo Tolstoi im Buch „Der lebende Leichnam" eine furchteinflößende Beschreibung vom Gesichtsausdruck eines Toten, der in seinem Sarg liegt. Dieser Gesichtsausdruck stellt das Endstadium der Tragödie dar, die die Beobachtung seines Sterbens für ihn bedeutet.

Die von Tolstoi aufgezeichneten Phasen der Betrachtung des Todes gleichen fast identisch denen, die später von Dr. Kübler-Ross angeführt wurden. Tolstois Iwan fiel von der Leiter und verletzte sich an der Seite. Durch diese Wunde kam es schließlich zu einer unergründlichen Krankheit, die zu seinem langsamen und schmerzhaften Tod führte. Die Realität seines bevorstehenden Todes wirkte sich bei Iwan Ilic als ein Zwang aus, sein Leben kritisch zu untersuchen.

Er erinnert sich an einige angenehme Augenblicke in der Kindheit und Jugend; sein Leben als Erwachsener aber betrachtet er rückblickend als „häßlich und sinnlos". In Erwägung des Todes erscheint ihm sein Leben „indirekt proportional zum Quadrat der Entfernung des Todes". Es folgen drei Tage voll grausamen Schreiens, als er dem Tod Widerstand leistet. Schließlich findet er sich damit ab, daß sein Leben wertlos und sinnlos gewesen ist. Dann empfängt er Frieden. Statt Furcht erhält er nun in einer „rettenden" Erkenntnis so etwas wie Freude.

Diese Wandlung erscheint rätselhaft, denn im „Lebenden Leichnam" werden keine Andeutungen bezüglich eines jenseitigen Lebens gemacht. Es scheint dort, als existiere das Leben nur in dieser Welt. Iwans erlöstes Leben dauert auch nur einen Moment, da der Tod mit Ausgelöschtsein gleichzusetzen ist. Offensichtlich glaubte Tolstoi, das sei ausreichend. Die Realität bestand für ihn im Jetzt, und das ist auch heute noch ein Hauptmerkmal russischer Ideologie.

Ich erinnere mich an einen bestimmten Patienten, dem Vorahnungen über seinen Tod kamen; er wollte mit seiner

Der Umgang mit Sterbenden

Familie darüber sprechen. Er schien zu fühlen, daß es morgen zu spät sein würde; – und das war es auch.

Vielleicht sollten wir den Vorahnungen sterbender Patienten mehr Aufmerksamkeit einräumen. Aus unersichtlichen Gründen treffen ihre Vorahnungen oftmals ein. Auch sollten wir uns weniger davor fürchten, mit dem Patienten ein offenes Wort zu reden. Wenn er über seine Krankheit reden möchte, sollten wir auf diesen Vorschlag eingehen, das Gespräch sich so entwickeln lassen, wie es dem Patienten angenehm ist, und versuchen, seine Fragen zu beantworten.

Interessanterweise erwähnt auch Dr. Kübler-Ross, daß es nur drei von den mehr als zweihundert Patienten, die sie darauf ansprach, ablehnten, interviewt zu werden. Auch andere Ärzte stellen fest, daß es die Patienten in der Tat wünschen, sich über sich selbst, ihren Zustand, ihre Prognose und auch den Tod selbst auszusprechen.

Wie ich darüber spreche

Wenn mich ein Patient in Anbetracht einer ernsten Krankheit nach seiner Überlebenschance fragt, vermeide ich es, ihm dadurch alle Hoffnung zu nehmen, daß ich die hohe Wahrscheinlichkeit seines Todes überbetone. Ich finde es viel hilfreicher, dem Patienten zu sagen, daß er eine schwere Krankheit hat (wobei ich mir die Freiheit nehme, sie beim Namen zu nennen), die tödlich verlaufen kann; daß er sich auf den eventuell tödlichen Ausgang vorbereiten und mit Gott in Ordnung kommen solle, damit er keinen Schaden erleide – egal, wie die Sache ausgehe. „Beten Sie für ein Wunder, aber seien Sie zu allem bereit."

Als Christ stelle ich ihm die Frage, ob er sicher sei, wo er die Ewigkeit zubringen werde. Wenn er nicht sicher ist, frage ich ihn, ob er es nicht so einrichten möchte, daß er sicher sein könne. Soweit ich es erkennen konnte, habe ich noch niemanden als Atheisten sterben sehen. Ich habe schon mit vielen Geistlichen gesprochen, die in der Tat von sterbenden Patienten wußten, die alle Art von „Religion", einschließlich der Botschaft von Jesus Christus, gänzlich ablehnten.

Ich habe auch beobachtet, wie sich einerseits die Ärzte und andererseits die Geistlichen mit dem sterbenden Patienten befassen. Es ist interessant, daß offensichtlich keine der professionellen Gruppen eifrig darum besorgt ist, überhaupt eine bedeutsame Beziehung mit dem sterbenden Patienten herzustellen. Somit bestärkt sich meine These: Der sterbende Patient ist der vernachlässigste aller Patienten, mit Ausnahme derer, die an ansteckenden Krankheiten leiden. Der Geistliche und der Arzt scheinen beim theologischen oder medizinischen Studium nur unzureichend auf den Umgang mit Sterbenden vorbereitet worden zu sein. Mitunter sehen sie wohl auch im Tod eine unangenehme Erinnerung daran, daß sie selber sterblich sind.

Den Familienmitgliedern verursacht die Gegenwart des sterbenden Patienten für gewöhnlich ein unbequemes Gefühl. Der Tod bleibt etwas Ordnungsstörendes, mit dem sich die Gesellschaft nicht abfinden kann; etwas, das man

Der Umgang mit Sterbenden

meidet, umgeht und leugnet. Man versucht oft, die Konfrontation mit ihm vor sich herzuschieben – in der Hoffnung, daß die Bedrohung wie durch ein Wunder verschwindet.

Wenn er sich nicht gerade in der Phase des Nichtwahrhabenwollens befindet – der Phase, in der niemand über den Tod reden möchte – wünscht es der Patient, aufgeklärt, vorbereitet und bestätigt zu werden. Empfängt er keine Bestätigung, so verlangt ihn danach; bekommt er sie schon, so wünscht er sich noch mehr davon. Obwohl er das Evangelium vorher vielleicht abgelehnt hat, ist er jetzt durchaus interessiert. Vielleicht möchte er sogar wissen, wie er sein Leben neu Gott weihen kann. Sie sind sein Arzt, Sie sind sein Freund; und Sie haben es mit jemandem zu tun, der Ihnen aufmerksam zuhört.

Auf Sie und mich hört der sterbende Patient wahrscheinlich eher, als auf den Pfarrer. Der Patient erkennt uns als Mitglied des „Anonymen Sünder E. V.", als jemanden, mit dem er sich identifizieren kann, da wir eben – genau wie er – auch Sünder sind. Es interessiert ihn, was wir glauben. Wenn wir der Bibel glauben – so wird er denken – dann kann er es vielleicht auch.

Andererseits sehen viele Patienten im Pfarrer keinen Sünder. „Nein, der ist doch Pfarrer, also ist er kein Sünder!" Sie denken vielleicht: „Wie kann der meine Probleme verstehen?" Wenn wir – Sie und ich, die wir nicht anders sind, als der Patient selbst – glauben, daß Jesus Christus heute noch lebt und wirkt, dann kann der Patient es auch glauben! Er möchte das von uns hören! Und doch gehen gerade wir ihm aus dem Weg.

Wir Ärzte ziehen uns – nachdem wir den Patienten kurz untersucht haben und Anweisungen auf seine Karteikarte geschrieben haben – gemütlich zurück und gehen den Fragen des Patienten, welche Überlebenschance ihm bleibt und was geschieht, wenn er stirbt, aus dem Weg. In ähnlicher Weise betritt unter Umständen auch der Geistliche das Zimmer, schlägt die Bibel auf, liest ein oder zwei Verse vor, spricht ein Gebet und verschwindet dann ebenso gemütlich, um den Fragen auszuweichen, die noch nicht gestellt wurden; auf die – mehr als je zuvor – Antworten gefunden werden müssen.

Wenn wir die Beantwortung dieser Fragen dem durchschnittlichen Geistlichen überlassen, und sie nicht selbst beantworten, werden sie vielleicht gar nicht beantwortet. Nehmen wir aber an, die Kirche würde besonders Laien für diese Art des Dienstes ausbilden – daß die Glieder der Herde einen Dienst an der Herde wahrnehmen würden; diese Methode unter vier Augen, von „Sünder zu Sünder", könnte bei der Stärkung des sterbenden Patienten zu durchschlagendem Erfolg führen.

Ich erinnere mich an einen Richter, bei dem ein bösartiger Lymphom auftrat – eine tödliche Krankheit, die die blutbildenden Organe des Körpers befällt. Er wußte, daß sich diese Krankheit wie Leukämie auswirken würde, und daß sie schließlich zum Tode führen würde.

Als wir die Einzelheiten seiner Krankheit erörterten, fragte er, ob sein Tod von schmerzhafter Art sein würde. Ich sagte, nein; ich könnte dafür sorgen, daß ihm, wenn sein Tod nahe sei, Medizin in entsprechender Dosis verab-

Der Umgang mit Sterbenden

reicht würde, so daß er keine Schmerzen habe. Ich versicherte ihm, er würde keine Angst haben, nichts merken und keine Unannehmlichkeiten verspüren.

Von Zeit zu Zeit wandte sich das Gespräch anderen Dingen zu. Wie die anderen sterbenden Patienten zeigte auch dieser Richter großes Interesse daran, von biblischen Wahrheiten zu hören, die er ehedem beiseite geschoben oder aus Bequemlichkeit nicht beachtet hatte. Ich war in der Tat überrascht, als er sagte, er möchte gerne seiner Errettung gewiß sein. Er wollte sein Leben, ob er am Leben blieb oder stürbe, Jesus Christus übergeben. Er bat mich, mit ihm zu beten. Ich sagte ihm, daß ich kein Geistlicher sei, aber das machte ihm nichts aus. Er war voller Freude. Mein Gebet kam mir gar nicht besonders großartig vor, und ich war selbst erstaunt, daß ich so beten konnte, denn für mich war das alles noch ziemlich neu.

Bald entwickelte er eine Erwartungshaltung und fürchtete sich nicht mehr davor, über seinen Tod zu reden. Er war ein robuster alter Gentleman – ein Gelehrter und ein Sportler. Er war auch unabhängig. Aber nun hatte er sich Christus zugewandt. Kein Geistlicher schien vorher großen Einfluß auf ihn ausgeübt zu haben – aber für das Zeugnis eines Laien war er offen. Sogar jemanden wie mich konnte Gott gebrauchen.

In einem ähnlichen Fall erkrankte ein Journalist, den ich schon vorher wegen einer Herzkrankheit behandelt hatte, an Krebs in der Bauchspeicheldrüse, einem Verdauungsorgan im Unterleib. Dieser Krebs war inoperabel und unheilbar, und der Patient wußte das. Ich sah ihn täglich bei meiner Visite im Krankenhaus, aber seinen bevorstehenden Tod erwähnte oder erörterte ich nicht.

Dann fragte er mich eines Tages unter vier Augen, ob ich an Gott glaube. Welch eine Eröffnung! Er fragte mich, was ich denn glaube. Er war ein gelehrter Mann, der sich in der Philosophie auskannte, aber er suchte noch immer nach dem Sinn des Lebens und war mit geistlichen Dingen nicht vertraut. Es folgte eine freundliche, offene und für uns beide angenehme Diskussion. Abgelehnte Schriftstellen begannen an Bedeutung zu gewinnen – wir begannen Dinge zu verstehen, die auch mir vorher noch nicht klar gewesen waren. Er schien eine Art persönliche Beziehung zu Jesus Christus zu entwickeln. Man konnte gar nicht genug Literatur auffinden, um ihn beschäftigt zu halten. Seine Persönlichkeit veränderte sich Schritt um Schritt. Von Tag zu Tag wurde er rücksichtsvoller gegenüber den Krankenschwestern, liebevoller gegenüber seiner Familie und zeigte sich um das Wohlergehen anderer Menschen besorgt; sich selbst erwähnte er nie. „Hatten Sie einen schönen Tag?" fragte er dann. „Setzen Sie sich doch und erzählen Sie etwas von sich." Es war ganz egal, wer sein Gegenüber war.

Auf diese Weise starb er auch – er rechnete mit Christus und liebte die anderen auf unwiderstehliche Art.

Ein Artikel von Hadley Read zeugt von seiner Liebe für seinen sterbenden Sohn. Philip war im Studentenalter und starb an einem sich schnell ausbreitenden Krebs. In diesem Fall wich das verschwörerische Schweigen, das gewöhnlich das Krankenzimmer umgibt, langsam der

Der Umgang mit Sterbenden

ehrlichen und offenen Erörterung seiner Krankheit. Das Im-dunkeln-tappen, das Zögern, das Der-Wahrheit-aus-dem-Weg-gehen, mit dem sich für gewöhnlich die Freunde und Verwandten des sterbenden Patienten herumplagen, wurde schließlich abgeworfen. Schritt für Schritt zeichnete sich die Tendenz zum offenen Gespräch ab; die Tendenz, Mitgefühl und Liebe auszudrücken, Verständnis anzubieten und in dieser einsamen Todeswache Kameradschaft zu pflegen.

Herr Read erzählt, daß er seinem Sohn wegen seines Gehörschadens Zettelchen schreiben mußte. Er wollte, daß sein Sohn ihm alles mitteilte – einschließlich seiner Schmerzen, seiner Unannehmlichkeiten und seiner Ängste. Herr Read wollte ihm nahe sein. Im gegenseitigen Einvernehmen sprachen sie über den Tod; darüber, ihm ins Auge zu schauen; darüber, wie er gerne begraben werden wollte, und über ein besonderes Anliegen Philips: „Versprich mir, daß man mich nicht einfach so am Leben erhalten wird, nur um der Lebensfunktionen willen. Wenn mein Verstand nicht mehr funktioniert, möchte ich auch nicht mehr leben. Ich möchte nur leben, wenn ich das Leben überhaupt bewußt wahrnehmen kann – wenn ich mich darüber freuen kann, daß ich lebe. Das ist mir sehr wichtig."*

Sein Vater meinte, er verstehe das, und er stimme zu und würde es genauso haben wollen. Nachdem Philip gestorben war, dichtete sein Vater einige Verse, in denen er seiner Liebe zu seinem Sohn Ausdruck verleiht:

* Hadley Read: „Conversation with a Dying Son", Farm Journal Inc. Mid-Feb. 1976.

Wo gingst du hin
auf deinem Zauberteppich
als du die Augen schlossest
und so still im Schlaf entschwandest?
Ich glaube, ich weiß es.

Welch eine wunderbare Gelegenheit haben wir, jede Möglichkeit auszuschöpfen, die Sterbenden mit Jesus Christus bekannt zu machen – und uns auch selbst seiner gewiß zu sein! Der Komiker Woody Allen zeigte ein geradezu morbides Überinteresse am Tod. Als ein Reporter bemerkte, Allen habe aufgrund seiner Leistungen schon die Unsterblichkeit erlangt, gab Woody zur Antwort: „Was habe ich davon, wenn ich die Unsterblichkeit durch Leistungen erlange? Ich möchte sie erlangen, indem ich nicht sterbe!"

Billy Graham hingegen schreibt in seinem Buch „Engel – Gottes Geheimagenten", daß er dem Tod schon mit Vorfreude entgegensieht. Er wartet darauf, bei Jesus zu sein und ihn von Angesicht zu Angesicht zu sehen. Er freut sich darauf, seine Familienmitglieder und Freunde, die vor ihm gestorben sind, wiederzusehen. Manche Menschen verspüren große Angst vor dem Tod, wenn sie erfahren, daß es ein jenseitiges Leben gibt. Setzt man aber Christus an die erste Stelle, so verschwindet die Furcht vor dem Tod.

Wenn wir über den Tod nachdenken, während wir noch bei guter Gesundheit sind, so hat dies zur Folge, daß wir unsere Zeit während unseres irdischen Pilgerlebens bestmöglich einsetzen und die richtigen Ziele setzen. Unser

Der Umgang mit Sterbenden

gegenwärtiges Leben ist nicht ewig, und wir werden Rechenschaft ablegen müssen. Da es ohne den Glauben keine Möglichkeit gibt, sich mit dem Tod auseinanderzusetzen, bleibt als die glaubenslose Alternative der Betrachtung des Todes nur das Bild des vernichtenden Ausgelöschtseins. Aber wenn die Menschen recht haben, die uns sagen, sie hätten das Leben nach dem Tod gesehen, dann haben wir mit unserem ganzen Leben auf das falsche Pferd gesetzt. Es ist keine sichere Angelegenheit, einfach so zu sterben.

9. Kapitel:
Was ist das Wichtigste?

Wenn es wirklich ein Leben nach dem Tod gibt, warum wird dann in den Fallstudien so selten das Gericht erwähnt? Vielleicht sind die „Reisen" der Betreffenden zu kurz; oder vielleicht würde man diesen Menschen nicht gestatten, zurückzukehren, wenn über sie ein endgültiges Urteil ergangen wäre. Obwohl zwar aus den Berichten andeutungsweise hervorgeht, mit welcher Art des jenseitigen Lebens es der Betreffende zu tun hat, wird sein endgültiger Zielort nicht immer klar bestimmt. Im Falle der unangenehmen Begebenheiten liegt es sicherlich in der Natur des mehr vom Anklagecharakter gekennzeichneten Erlebnisses, daß das Endergebnis noch im Dunkeln bleibt; wir hoffen ja, daß durch eine spätere Lebensänderung die Errettung an die Stelle der Verdammnis tritt.

Wenn es ein Leben nach dem Tode gibt, wenn es eine Verwandlung gibt, bei der der Geist außerhalb des Körpers ohne Unterbrechung weiterlebt, dann müßten wir eigentlich von einem Leben ohne Tod sprechen.

Von diesem Konzept geistlicher Unsterblichkeit distanzieren sich einige protestantische Glaubensrichtungen nachdrücklich; sie ziehen es vor, zu glauben, daß der Geist gleichzeitig mit dem Körper stirbt und beide erst am Tag der Auferstehung wieder auferweckt werden. Als Antwort darauf kann ich nur das anführen, was mir diese Patienten erzählen. Sie sind davon überzeugt, daß ihnen die Gelegenheit geboten wurde, es sich persönlich anzuschauen, und bereitwillig widmen sie ihr Leben der Aufgabe, es anderen weiterzusagen. Ich sehe keinen Grund, an ihren Berichten zu zweifeln, die ja besagen, daß das Leben nach dem Tod sofort beginnt und daß der Körper tot ist, während ihn der Geist verläßt. In der Tat lehrte Jesus selbst, daß es nach dem Tod eine bewußte Existenz gibt; daß es schon vor dem Endgericht einen „guten" und einen „schlechten" Ort gibt, und, interessanterweise, daß die Toten nicht mit den Lebenden sprechen dürfen (s. Lukas 16).

Aber in der Hauptsache sind sich die Christen durchaus einig: daß es einen Schöpfer des Lebens gibt und daß der Mensch, ob gut oder böse, dereinst in einer anderen Dimension leben wird. Aber dem stimmen nicht alle Menschen zu. Nicht alle glauben an einen Schöpfer – und dafür gibt es unterschiedliche Begründungen.

Ein kosmischer Knall?

Ist Gott real? Oder ist das Universum wirklich die Folge des „Urknalls", der Explosion eines ursprünglich riesigen Materieklumpens, aus dem dann viele kleinere Sterne entstanden? Und woher kam der ursprüngliche Materieklumpen? Oder gab es einen Schöpfer? Und woher kam er? Und hat er auch das Leben geschaffen? Hat es vielleicht eine Höchste Intelligenz gegeben, die die ordnungsgemäße Entfaltung des Universums, das daraufhin noch heute unter Einhaltung exakter physikalischer Gesetzmäßigkeiten weiterfunktioniert, einleitete und überwachte?

Was ist das Wichtigste?

Der verstorbene Gelehrte Edwin Conklin, ein Biologieprofessor, meinte, die Wahrscheinlichkeit, daß das Leben aus einem Zufall entstanden ist, sei etwa so hoch wie die Wahrscheinlichkeit, daß bei einer Explosion in der Druckerei ein umfangreiches Wörterbuch entstehe. Und doch sagen viele gebildete Menschen, es gäbe keinen Gott – nur Wissenschaft. Sie vergessen, daß ihr Gott, die Wissenschaft, in ständiger Wandlung begriffen ist und auf den neuesten Stand gebracht und revidiert werden muß, während der Gott der Bibel gestern, heute und für alle Zeit derselbe bleibt. Vielleicht versuchen einige Menschen, sich im Atheismus und Agnostizismus zu verstecken, da der Glaube an Gott auch beinhaltet, daß sie ihm Rechenschaft schulden. Viele andere verhalten sich bei ihrer Suche nach Gott kurzsichtig; dabei brauchten sie doch nur ihre Augen von sich selbst zu wenden und einen Blick auf die Schöpfung zu werfen, die an allen Enden von ihm spricht. Der gegenwärtige geordnete Kosmos kann mit Sicherheit nicht aus einem Chaos des Zufalls entstanden sein.

Wer ist Gott für Sie persönlich? Ihre Antwort darauf, ob Gott existiert oder nicht, ist von Bedeutung. Wenn Sie einmal ernsthaft darüber nachdenken: sie ist die wichtigste Antwort Ihres Lebens. Sie wirkt sich nicht nur auf Ihre Zukunft aus, sondern bestimmt auch Ihren gegenwärtigen Lebenswandel. Und so beggnete mir in den ersten vier Worten der Bibel eines der schwierigsten Gedankengebäude, mit denen ich je zu tun hatte: „Am Anfang schuf Gott..." Als ich erst einmal diese Hürde im Glauben genommen hatte, fügte sich auch alles andere an seine

Stelle. Ich kann das Ausmaß der Kraft Gottes oder die Reinheit seiner Heiligkeit nicht begreifen. Wie kann jemand, der so schrecklich im Gericht ist, auch gleichzeitig so liebevoll und barmherzig sein? Seine Gerechtigkeit flößt mir Angst ein – und doch überwältigt mich seine Liebe und bricht meinen Stolz. Meinem Verständnis von ihm werden durch meinen sterblichen Verstand Grenzen gesetzt, der ihn auch nicht einmal ansatzweise aufnehmen oder erklären kann. Und doch kenne ich ihn durch Jesus Christus persönlich. Er ist mein himmlischer Vater.

Da ist die Geschichte von einem Mann, der eines Abends eine Gartenparty gab. Die Terrasse war mit hell flackernden japanischen Laternen geschmückt. Einer der Gäste, ein bekannter Agnostiker, fragte, wer denn die Laternen aufgehängt habe. Der Gastgeber schaute empor, betrachtete den herrlichen Nachthimmel, an dem er die hellen Sterne leuchten sehen konnte, und fragte dann seinen Gast, wie – seiner Meinung nach – die Sterne dorthin gekommen seien. Nachdem der einen Augenblick nachgedacht hatte, sagte er: „Ich weiß es nicht – ich denke, die sind von selbst dorthin gekommen." Der Gastgeber antwortete: „Genau so sind auch meine japanischen Laternen dorthin gekommen – von selbst."

Die endlose Suche

In fast allen Religionen der Welt sucht der Mensch nach Gott. Aufgrund irgendeines angeborenen Instinkts sucht

Was ist das Wichtigste?

der Mensch nach Gott oder wenigstens nach dem Sinn des Lebens. Nur im Christentum sucht Gott den Menschen; er offenbart sich im Alten Testament durch die Propheten und im Neuen Testament durch seinen Sohn. Und doch bleibt Gott unergründlich. Es gibt keine Möglichkeit, etwas über seinen Ursprung oder seinen Aufenthaltsort in Erfahrung zu bringen. Er hat weder Anfang noch Ende; und doch kann er uns durch den Glauben näher sein als Hand und Fuß. Das Geheimnis des Schöpfers wird von Mose in Psalm 90, 2 zusammengefaßt: „Ehe denn die Berge wurden und die Erde und die Welt geschaffen wurden, bist du, Gott, von Ewigkeit zu Ewigkeit."

Der Bund Gottes mit dem Menschen bleibt ungebrochen, während der Mensch ständig seinen Bund mit Gott übertritt. So wird es zum Beispiel in der Gesellschaft akzeptiert, wenn jemand den Namen Gottes verunehrt. Nur wenige stören sich daran, wenn jemand „gottverdammt" sagt. Es erscheint in der Tat so, als ob die Ungläubigen den Namen Jesu öfter im Munde führten als die Christen. Wenn aber dieselben Leute dann in eine Notlage geraten, rufen die meisten von ihnen Jesus um Hilfe an.

Ich erinnere mich, wie ich vor einigen Jahren auf einer Cocktailparty einen zuviel getrunken hatte. Mir wurde furchtbar schwindlig, und als ich versuchte, einzuschlafen, kam es mir vor, als drehte sich das Bett. Ich erbrach mich. Dann begann ich, laut zu beten: „O Gott, hilf mir, das durchzustehen, und ich werde so etwas nie wieder tun." Für eine Weile trank ich danach auf Parties nur Gingerale und Cola. Aber es dauerte nicht lange, bis ich mein Versprechen vergessen hatte; und nach dem ersten Cocktail dauerte es nicht lange, bis ich alles andere vergaß, was ich ihm je versprochen hatte. Der eine Fehler wurde zur Ausrede für den nächsten. Der Bund war gebrochen.

So wie ich es auch getan hatte, rufen viele Menschen in Notlagen zu Gott um Hilfe. Warum sollte er uns helfen? Warum sollte er von uns Notiz nehmen, obwohl wir ihn ignorierten? Warum sollte er unsere Wünsche achten, wenn wir seine nicht achten?

Eines Tages flog ich im Instrumentenflug mit meiner treuen alten „Aztec"; ich war auf dem Heimflug von Nashville. Ich schoß fröhlich durch die Wolken hindurch, als ich plötzlich aus Unachtsamkeit in ein Sturmzentrum geriet. Das Tageslicht verwandelte sich in pechschwarze Finsternis. Der Regen, der aus dem Nichts aufgetaucht war, schlug mit solcher Heftigkeit gegen die Windschutzscheibe, daß das Wasser wie ein Sprühnebel an den Rändern der Scheibe eindrang. Meine Passagiere fielen umher, obwohl sie die Sicherheitsgurte angelegt hatten. Ich stieß mit dem Kopf an der Decke an. Diesmal bekam ich es wirklich mit der Angst zu tun.

Mit zittriger Stimme rief ich den nächsten Kontrollturm; ich bräuchte eine Vektorangabe nach Radar, wie ich aus dem Sturm herauskommen konnte. Sie sagten mir, sie könnten dieses Sturmzentrum gar nicht auf ihrem Radarschirm sehen. Mich hatte der Turm auf dem Radarschirm, aber den Sturm konnten sie nicht orten. Schön für die, dachte ich, aber das hilft mir nicht weiter. Ich sagte ihnen,

Was ist das Wichtigste?

daß sie es vielleicht nicht sehen könnten, aber daß ich mir das bestimmt nicht einbilden würde. „Helft mir da raus!" flehte ich sie an.

In dem Moment prasselte Hagel auf das Flugzeug nieder, und zu meiner Rechten zuckte ein Blitz. Es schien mir, als hätte ich es schon eine Stunde lang in dieser Zwangslage ausgehalten, aber inzwischen bin ich sicher, daß es nur ein paar Minuten gewesen sind. Dann wurde, genauso plötzlich wie es angefangen hatte, die finstere Nacht wieder zum hellen Mittag. Abrupt hörte der Regen auf. Wie schon in vorangegangenen Krisen verwandelten sich die Wolken in herrlichen Sonnenschein, als ich anfing zu beten: „Jesus, hilf mir."

Schon in der Vergangenheit war es zu ähnlichen Vorfällen gekommen, und ich hatte, ohne überhaupt nachzudenken, Jesus um Hilfe gebeten – einmal, als einer der Motoren des Flugzeugs ausfiel; ein andermal, als sich auf den Tragflächen schweres Eis bildete; mehrmals bei Autounfällen, die beinahe tragisch ausgegangen wären; und oft in meiner ärztlichen Praxis – bei der Behandlung kritisch erkrankter Patienten. Wir alle scheinen uns automatisch zu diesem inneren, unterbewußten Gottesbewußtsein zu kehren, wenn eine Notlage eintritt.

Gladys Hunt erstellt in ihrem Buch „Don't Be Afraid to Die" (Das christliche Sterben) ein recht eindrucksvolles Resümee über dieses Bewußtsein. Sie schreibt:

„Uns sind durch die Begriffe von Zeit und Raum Grenzen gesetzt; wir benötigen die Perspektive der Ewigkeit. Wie wir auf den Tod reagieren, wird dadurch bedingt, wie wir auf Gott reagieren. Diejenigen, die Angst vor Gott haben, fürchten sich auch am meisten vor dem Tod. Diejenigen, die ihn gut kennen, begrüßen offenbar die Möglichkeit, bei ihm zu sein. Das ist die Dimension, die den Tod verwandelt: Gott kennen."*

Trotz unserer gewaltigen wissenschaftlichen Errungenschaften können wir Gott noch immer nicht erklären. Für viele Menschen bleibt der Glaube an die ersten vier Worte der Bibel ein Stein des Anstoßes. Der Mensch wußte jedoch schon in der Zeit vor den biblischen Offenbarungen etwas von Gott. Gott drückte dem Menschen sein Markenzeichen auf, als er ihn nach seinem eigenen Ebenbild gestaltete, und die Himmel verkündigten schon immer die Herrlichkeit Gottes, wie es in Psalm 19, 2–5 zum Ausdruck kommt:

> „Die Himmel erzählen die Ehre Gottes,
> und die Feste verkündigt seiner Hände Werk.
> Ein Tag sagt's dem andern,
> und eine Nacht tut's kund der andern
> ohne Sprache und ohne Wort;
> unhörbar ist ihre Stimme.
> Ihr Schall geht aus in alle Lande
> und ihr Reden bis an die Enden der Welt.
> Er hat der Sonne ein Zelt am Himmel gemacht..."

---

* Gladys Hunt: Don't Be Afraid to Die, Zondervan, 1971

Was ist das Wichtigste?

Wie empfängt man die Botschaft?

Der Apostel Paulus führt an, der Mensch habe schon immer etwas von Gott gewußt – und zwar durch angeborene Erkenntnis und angeborenen Instinkt; und der Ungläubige werde am Tag des Gerichts keine Entschuldigung finden können:

„Denn was man von Gott erkennen kann, ist unter ihnen offenbar; Gott hat es ihnen offenbart. Denn Gottes unsichtbares Wesen, das ist seine ewige Kraft und Gottheit, wird ersehen seit der Schöpfung der Welt und wahrgenommen an seinen Werken, so daß sie keine Entschuldigung haben" (Römer 1, 19.20).

Trotz dieses innewohnenden Wissens ist der zugestandene Glaube an die Existenz Gottes auf der ganzen Welt verschieden. In einer Umfrage in sechzig Nationen wurde von Gallup International der Prozentsatz derer festgestellt, die an Gott oder einen „Allumfassenden Geist" glauben. Von den Befragten glaubten an die Existenz eines Gottes: vierundneunzig Prozent in den Vereinigten Staaten; neunundachtzig Prozent in Kanada; achtundachtzig Prozent in Italien; achtzig Prozent in Australien; achtundsiebzig Prozent in den Beneluxstaaten (Belgien, Niederlande, Luxemburg); sechsundsiebzig Prozent in Großbritannien; zweiundsiebzig Prozent in Frankreich und der Bundesrepublik Deutschland; fünfundsechzig Prozent in den Skandinavischen Ländern.

Glauben an ein jenseitiges Leben bekundeten neunundsechzig Prozent in den Vereinigten Staaten, vierundfünfzig Prozent in Kanada, achtundvierzig Prozent in Australien und den Beneluxstaaten, dreiundvierzig Prozent in Großbritannien, neununddreißig Prozent in Frankreich, sechsunddreißig Prozent in Italien, fünfunddreißig Prozent in Skandinavien und dreiunddreißig Prozent in der Bundesrepublik Deutschland.

Indien übertraf die meisten Nationen in bezug auf religiösen Glauben; achtundneunzig Prozent der Bevölkerung bezeugten Glauben an einen Gott oder einen allumfassenden Geist, und zweiundsiebzig Prozent glaubten an ein Leben nach dem Tod.

George Gallup berichtete, obwohl die Vereinigten Staaten in bezug auf „religiösen Glauben" in der westlichen Welt führend seien, sei die Bedeutung des Christentums in Westeuropa offensichtlich im Abnehmen begriffen. Den religiösen Glauben hielten nach dieser Umfrage für „sehr wichtig": sechsundfünfzig Prozent der Befragten in den Vereinigten Staaten, sechsunddreißig Prozent in Italien und Kanada, sechsundzwanzig Prozent in den Beneluxstaaten, fünfundzwanzig Prozent in Australien, dreiundzwanzig Prozent in Großbritannien, zweiundzwanzig Prozent in Frankreich und siebzehn Prozent in der Bundesrepublik Deutschland und den Skandinavischen Ländern. In der freien Welt glaubt die Mehrheit der Bevölkerung an ein Leben nach dem Tod. Die offizielle Philosophie der kommunistischen Länder hält sich jedoch für die Dauer des Lebens an den Atheismus und hegt die Vorstellung des Ausgelöschtseins nach dem Tod.

Was ist das Wichtigste?

Glauben als Entschluß

Wie und wofür sich der Mensch glaubensmäßig entscheidet, ist in der Tat ein merkwürdiges Phänomen. Der Mensch entscheidet sich, eine Sache zu glauben und die andere nicht, selbst wenn nach außen hin beide Glaubenssätze gleichermaßen absurd und lächerlich erscheinen. Stellen Sie sich – der Illustration halber – einmal vor, Ihr Verein lade einen Gastredner ein, der einen Vortrag halten soll. Dann könnte Ihr Interesse und der Glaube, den Sie seinen Ausführungen entgegenbringen, ganz beträchtlich dadurch beeinträchtigt werden, ob er, sagen wir, Journalist, Astrophysiker oder Geistlicher ist. Auch die Frage, welches Thema vorgestellt wird und wer es behandelt, kann einen Einfluß darauf ausüben, wie Sie es aufnehmen oder glauben.

Nehmen wir zum Beispiel an, der Journalist spricht darüber, wie ein Mensch auf dem Mond spazierengeht. Würden Sie ihm glauben, wenn er Ihnen Bilder zeigt, auf welchen Astronauten die amerikanische Flagge auf der Mondoberfläche aufrichten? Würden Sie es glauben, daß der Mond aus totem Staub und Felsgestein besteht und daß dort sonst nichts existiert? Oder würden Sie denken, das Ganze sei eine Zeitungsente? Sie werden diese Geschichte natürlich glauben, wenn Sie in Amerika leben und die Fernsehberichte über den Mondspaziergang verfolgt haben; aber nehmen Sie einmal an, Sie wären von Kommunikationsmitteln wie Fernsehen und Zeitung abgeschnitten und würden in einem völlig verarmten Viertel in Indien wohnen – würden Sie die Geschichte dann immer noch glauben?

Nun wollen wir einmal annehmen, Sie haben den Astrophysiker, einen Experten auf dem Gebiet der Raumforschung, als Gastredner eingeladen. Nehmen wir an, er erzählt Ihnen, das Universum bestehe aus Milliarden von Sternen, die in einer Vielzahl von Galaxien angeordnet sind. Unsere Milchstraße – so sagt er – ist nur eine von diesen Galaxien; sie enthält – als unscheinbaren Bestandteil – unser eigenes Sonnensystem, und das wiederum unsere Erde, die vergleichsweise nicht viel größer als ein Sandkorn ist. Nehmen wir an, er sagt, unsere eigene Galaxis, die Milchstraße, sei so mit Sternen übersät, daß es dort für jeden Menschen, der auf der Erde lebt, dreiunddreißig gibt! Nehmen wir weiter an, er erzählt Ihnen, daß man, wenn der Mensch je die Möglichkeit entdeckt, mit Lichtgeschwindigkeit – 300 000 km/sek – zu reisen (bis jetzt konnte man gerade die erforderliche Geschwindigkeit erreichen, um die Erdanziehungskraft zu überwinden – etwa 8 km/sek), immer noch mehr als 100 000 Jahre benötigen würde, um vom einen Ende unserer Milchstraße zum anderen zu gelangen. Würden Sie davon etwas glauben? Nehmen wir an, der Astrophysiker erzählte Ihnen weiter, es gäbe in unserer Milchstraße ein „Schwarzes Loch" (oder einen schwarzen Stern), ähnlich denen, die es auch in vielen anderen Galaxien gäbe, wo die Anziehungskraft so stark sei, daß in seinem Umfeld die Zeit verlorengehe und nicht einmal das Licht abgestrahlt werden könne (deshalb erschiene es auch schwarz). Statt des Lichts würden dort tödliche Röntgenstrahlen ausgestrahlt. Und dann, sagt er, sei die Anziehungskraft dieses Schwarzen Lochs so stark, daß es andere Sterne wie ein Staubsauger aufsauge, deswegen ständig an Masse und

Was ist das Wichtigste?

Größe zunähme und schließlich explodieren werde. Diese große Explosion würde dann durch das Eindringen des kleinsten bekannten Materiepartikels, des Neutrino, eingeleitet. Würden Sie davon irgend etwas glauben? Das sollten Sie eigentlich alles glauben! Das betrachten wir als neueste wissenschaftliche Theorien und Beobachtungen.

Und als letztes Beispiel wollen wir annehmen, unser Gastredner sei ein Geistlicher. Würden Sie da schon von vorneherein weghören? Nehmen wir an, er erzählt Ihnen, Gott habe den Himmel und die Erde geschaffen. Es existiere nichts, das er nicht geschaffen habe. Klingt das etwa lächerlich im Vergleich zum „Schwarzen Loch" oder zum „Urknall" oder lächerlicher, als wenn man sagt, es sei alles von selbst entstanden? Wenn Gott all die Millionen Sterne und Planeten geschaffen hat, warum liebte er dann die Welt – dieses unscheinbare Staubkorn im Universum – so sehr, daß er ausgerechnet sie dafür aussuchte, Träger des Lebens zu sein? Oder warum sollte Gott ausgerechnet der Erde all das geben, was zur Lebenserhaltung notwendig ist – Sauerstoff, Chlorophyll und Wasser – so daß unser Planet noch immer – offensichtlich als einziger – das Leben besitzt? Aber noch einzigartiger und wunderbarer ist es, daß Gott noch viel weiter ging: „Denn also hat Gott die Welt geliebt, daß er seinen eingebornen Sohn gab, auf daß alle, die an ihn glauben, nicht verloren werden, sondern das ewige Leben haben" (Johannes 3, 16). Glauben Sie das? Könnte es aus irgendeinem Grund ewiges Leben für uns geben?

Wenn Sie sich nun die drei Beispiele vorstellen, die ich angeführt habe: warum, glauben Sie, werden manche

Menschen denken, daß die ersten zwei möglich sind, aber das dritte völlig außer acht lassen? Vielleicht, weil der Glaube an Jesus Christus gesellschaftlich nicht anerkannt wird? Würden Sie verlegen werden, wenn jemand entdeckt, daß Sie gläubig sind? Wenn Sie nicht gläubig sind: Würde es sich nicht lohnen, den Sinn Ihres Lebens herauszufinden? Was können Sie dabei verlieren? Wenn Sie ihn wirklich herausfinden wollen, steht hier eine Herausforderung zum Durchhalten: „Bittet, so wird euch gegeben; suchet, so werdet ihr finden; klopfet an, so wird euch aufgetan" (Matthäus 7, 7).

Was gibt es denn dort draußen?

Während wir versuchen, das unergründliche und wunderbare Geheimnis zu erforschen, warum es auf der Erde Leben gibt, sollten wir auch noch bedenken, daß Gott noch immer damit beschäftigt ist, dort draußen im Universum neue Sterne zu schaffen und alte zu beseitigen; so sagt es Psalm 102, 26.27 und Hebräer 1, 10–12. Offensichtlich ist er nicht untätig, sondern er schafft und baut beständig, auch wenn die Einzelheiten seiner schöpferischen Aktivität nicht klar erkannt werden können. Die Schrift deutet jedoch an, daß Jesus gegenwärtig Wohnstätten für die Gemeinschaft der Gläubigen baut; und wenn er fertig ist, wird er eigens wiederkommen, um diese Menschen zu sich zu nehmen (s. Johannes 14, 2). Wenn der Himmel wirklich heute im Universum als Materie existiert – und ich bin mir nicht sicher, ob wir darüber Mutmaßungen anstellen sol-

Was ist das Wichtigste

len – dann können wir annehmen, daß es auf irgendeinem Planeten oder himmlischen Grund Leben geben kann.

Die wiederbelebten Menschen, die offenbar die „Schranke" durchschreiten konnten und behaupten, sie hätten einen Blick in den Himmel geworfen, versichern ganz ausdrücklich, es sei ein wirklicher Ort, der aus Materie bestehe – mit goldenen Straßen, die besonders an die Beschreibung des Neuen Jerusalem in Offenbarung 21, 18–23 erinnern (obwohl einige dieser Personen diese Schriftstellen noch nie vorher gelesen haben):

„Ihre Mauer ist aus Jaspis gebaut, und die Stadt ist aus reinem Gold, wie aus reinem Glas. Die Grundsteine der Stadtmauer sind mit edlen Steinen aller Art geschmückt; ... Die zwölf Tore sind zwölf Perlen; jedes der Tore besteht aus einer einzigen Perle. Die Straße der Stadt ist aus reinem Gold, wie aus klarem Glas.

Einen Tempel sah ich nicht in der Stadt. Denn der Herr, ihr Gott, der Herrscher über die ganze Schöpfung, ist ihr Tempel, er und das Lamm. Die Stadt braucht weder Sonne noch Mond, die ihr leuchten. Denn die Herrlichkeit Gottes erleuchtet sie, und ihre Leuchte ist das Lamm" (Einheitsübersetzung).

Wenn der Himmel jetzt schon existiert – so habe ich mich schon oft gefragt – mit welchem Transportmittel können wir dann je dort hinkommen? Selbst mit Lichtgeschwindigkeit würden wir sicher zu lange brauchen. Vielleicht mit der Geschwindigkeit eines Gedankens? Zu diesem Thema schweigt die Schrift. Nichtsdestoweniger ist es interessant, daß uns die Menschen, die das Leben nach dem Tod erfahren haben, sagen, die Fortbewegung geschehe oft mit der Geschwindigkeit eines Gedankens; das heißt, man ist im gleichen Augenblick angekommen. So könnte unter Umständen das Erlebnis des Philippus in der Bibel ein Beispiel zeitloser Fortbewegung gewesen sein. Sie erinnern sich, daß er in einem Moment irgendwo in der Wüste von Gaza den Kämmerer aus Äthiopien im Wasser taufte, und im nächsten Augenblick wurde er „entrückt" und „ward gefunden" in einer Stadt in der Nähe der Küste (Apostelgeschichte 8, 26–40).

Nachdem wir die Einstellung entwickelt haben, die Welt gehöre uns und schulde uns das Leben, verschwenden wir unser Leben immer weiter auf der Suche nach vergänglichen Vergnügungen. Nahrung, Brennstoff, Unterkunft und Kleidung betrachten wir als unser „Recht". Wir halten dabei selten an, um nachzudenken, wo das alles herkam, und wie es entstanden ist, noch danken wir dafür. Betrachten wir zum Beispiel das gewöhnliche Gras. Wie entstand es, und warum ist es grün und nicht purpurrot, gelb oder von irgendeiner anderen Farbe? Man sagt uns, daß alle Blätter grün seien, weil sie Chlorophyll, eine grüne Chemikalie, enthalten. Woher kam dann das Chlorophyll? Ist es erfinderisch geschaffen worden, oder entwickelte es sich aus dem Nichts? Entwickelte es sich zufällig aus dem „Urschlamm"? Wenn ja, dann sollte es der Mensch, der intelligenter ist als der „Urschlamm", herstellen können. Das kann er aber nicht. Trotz all unserer Erkenntnis bleibt das Chlorophyll – die Chemikalie, die dem Gras die grüne Farbe verleiht – noch immer ein Geheimnis. Könnten wir nur diese Komponente

Was ist das Wichtigste?

herstellen, so wären die Nahrungsprobleme der Welt gelöst! Die Grundsubstanzen unserer Nahrung entstehen durch Chlorophyll. Wenn es von Sonnenlicht beschienen wird, verarbeitet es Wasser und das von uns ausgeatmete Kohlendioxyd zu Stärke und Zucker. Diese Stärke aus dem Chlorophyll, die im grünen Teil aller Blätter und der meisten Naturprodukte enthalten ist, dient Mensch und Tier als Nahrung.

Man hat errechnet, daß eine Chlorophyllfabrik von der Größe eines halben Fußballfeldes genug Nahrung produzieren könnte, um die ganze Erdbevölkerung für alle Zeiten zu versorgen. Wenn wir doch nur wüßten, wie man Chlorophyll synthetisch herstellt! Die Evolutionisten deuten an, der „Urschlamm" habe gewußt, wie man es macht. Die Bibel meint, nur Gott könne es machen. Der Mensch gibt zu, daß er es nicht herstellen kann. Sollten wir dann nach der Weisheit des unpersönlichen „Urschlamms" oder nach der des persönlichen Gottes suchen?

Beschäftigt – aber nicht zu beschäftigt

Während Gott dort draußen im Universum am Werk ist, ist er doch erstaunlicherweise nicht zu beschäftigt, um mich zu kennen! Ich meine – mich persönlich zu kennen!

Während der Zeit, in der ich Nachforschungen über diese Fälle des Lebens nach dem Tod anstellte, wachte ich eines Nachts durch eine höchst ungewöhnliche Vision auf.

So etwas hatte ich vorher noch nie erlebt. Ich sah mich aus einer merkwürdigen, kaleidoskopischen Perspektive als verschwindend kleine, winzige Gestalt unter Tausenden von Fans in einem überfüllten Fußballstadion. Das ließ mich erkennen, wer ich wirklich bin in dieser Welt – ein Niemand! Dann erschien es mir, als ich wie mit einem Teleobjektiv an mich heranfuhr, daß ich mich jetzt wohl so sehen konnte, wie Gott mich sieht. Ich wurde größer und begann zu begreifen, daß er mich wirklich sehen konnte. Er konnte mich persönlich kennen und wußte, was ich tat. „Mann", dachte ich, „dann bin ich also doch von Bedeutung!" Für mich sah ich klein aus, aber er konnte mich wie in einer Nahaufnahme betrachten.

Da er mich geschaffen hat, kennt er mich, alle meine Taten und meine Gedanken. Er weiß sogar die Anzahl der Haare auf meinem Kopf (und die werden immer weniger). Jesus sagte: „Kauft man nicht zwei Sperlinge um einen Pfennig? Dennoch fällt deren keiner auf die Erde ohne euren Vater. Nun aber sind auch eure Haare auf dem Haupte alle gezählt. Darum fürchtet euch nicht; ihr seid besser als viele Sperlinge" (Matth. 10, 29–31). Gott sei Dank, daß er nicht zu beschäftigt ist, um mich zu kennen.

Aber bin ich etwa zu beschäftigt, um ihn zu kennen? Damit meine ich nicht, um intellektuell alles über ihn zu wissen. Ich meine: ihn persönlich zu kennen! Die meiste Zeit meines Lebens verbrachte ich als einer von den neunzig Prozent der Kirchgänger, die von sich meinen, Christen zu sein, die aber Jesus nicht persönlich kennen. Sind Sie auch einer von ihnen?

10. Kapitel:
Wie kann man sicher sein?

Seit ich mit meiner Studie über das Leben nach dem Tod begann und versuche, das, was mir meine Patienten berichten, mit dem, was Gott in der Bibel offenbarte, in Beziehung zu setzen, scheint es, daß so ziemlich alle, denen ich davon berichte, bald ihre Gleichgültigkeit verlieren und eine eigene, feste Auffassung für oder gegen das Leben nach dem Tod und für oder gegen Jesus Christus als den Sohn Gottes, vertreten. Es ging schon manchmal recht stürmisch zu; ich werde nicht überall mit Freuden aufgenommen, besonders dann nicht, wenn ich Jesus Christus in der Öffentlichkeit zur Sprache bringe.

Ich möchte Ihnen gerne mitteilen, wie ich die Dinge sehe, seit ich nun als „neue Kreatur in Christus" umherreise und bei verschiedenen Geschäfts- und Kirchenvereinigungen Vorträge über die Wiederbelebung solcher Opfer halte und über das, was sie mir vom jenseitigen Leben berichten. Es besteht ein gewaltiges Interesse. Allerdings sieht es, offen gesagt, mit dem Zustand und der Einheit der Kirchen nicht sehr gut aus.

Drei Beobachtungen

Zunächst fällt es mir auf, daß viele Christen, anstatt Jünger Jesu Christi zu werden, nur Abklatsch ihrer eigenen Kirchenlehre geworden sind. Bitte, mißverstehen Sie mich nicht. Christus hat die Gemeinde gegründet, und die Gemeinschaft mit anderen Gläubigen ist nichts, was man wahlweise praktizieren oder lassen könnte. Aber es hat sich die Einstellung herangebildet: „Wenn du nicht genau das glaubst, was ich auch glaube, dann bist du kein echter Christ", oder „Meine Gemeinde ist die einzig richtige Gemeinde."

Ich habe den Eindruck, daß sich manche von uns täuschen lassen; wir beten die Gemeinde an und nicht den Erlöser. Wir versuchen, gesetzlich dem Buchstaben zu folgen und verfehlen dabei ganz seinen Zweck.

Es ist auch interessant, daß keiner der wiederbelebten Patienten, die ich befragte, berichtete, er sei bei seinem Erlebnis im Tod gefragt worden, zu welcher Gemeinde er gehe oder zu welcher Konfession er gehöre. Offensichtlich machte es nichts aus, ob sie glaubten, die Seele existiere nicht, sei tot, schlafe oder sei ewig lebendig, – mit ihrer Verantwortlichkeit oder ihrem Wohlergehen hatte das offenbar nichts zu tun. Auch schien es nicht von Bedeutung zu sein, was sie aßen, wie sie sich anzogen oder wo sie anbeteten. Obwohl die von mir gesammelten Berichte durchaus lückenhaft sind, schien doch zunächst jedes vorläufige Urteil in Ansehung der Tatsache ergangen zu sein, ob sie eine Beziehung zu Jesus Christus hatten – und nach keinem anderen Gesichtspunkt.

Zweitens erscheint esmir, daß übereifrige Schriftdeuter an der Schönheit der biblischen Botschaft vorbeigehen, weil sie glauben, sie müßten das Wort Gottes noch reiner und geläuterter machen, als es schon ist. Vielleicht sollte

Wie kann ich sicher sein?

man sie als „Bibelsezierer" bezeichnen. Sie behandeln die Bibel wie einen Leichnam und suchen in ihrer Botschaft nach Kernaussagen; oft schneiden sie mit dem Messer rein menschlicher Weisheit den Heiligen Geist aus dem Zusammenhang heraus. Ihr Evangelium wird dann wie eine Blume ohne Blätter, ein Schmetterling ohne Flügel oder ein Diamant ohne Fassung. Heiligkeit ohne Herzlichkeit ist wie ein Kreuz ohne Christus. Als Christen ist es unser Hauptziel, Gott im Geist und in der Wahrheit zu verherrlichen; aber ohne Liebe führt das zu nichts.

Drittens konnte ich beobachten, daß wir alle die Neigung zeigen, Christus für uns selbst zu behalten. Während wir weiter die Spaltung in der wahren Gemeinde schüren und mit gesetzlichen Randbemerkungen vom Hauptthema ablenken, reisen Millionen unserer Freunde auf dem Lebensweg ohne einen Plan zu besitzen oder vorwärtszukommen. Manche von ihnen hängen an Beruhigungsmitteln, die ihnen die mit den Vergnügungen unserer Zeit verbundene Niedergeschlagenheit lindern sollen. Auf ihrer Reise durch das Leben entgeht ihnen der allgegenwärtige Regenbogen des Glücks. Sie suchen nicht Gott an erster Stelle. Sie suchen zeitweilige Vergnügungen und geben den Umständen oder anderen Menschen, denen sie auf ihrem Weg begegnen, die Schuld dafür, daß sie unglücklich sind. Wirkliche Freude, so sagt die Schrift, ist eine Gabe Gottes und sollte nicht von Umständen oder Menschen abhängig sein. Die Wahrheit ist, daß die Menschen nur dann unglücklich sein können, wenn Gott nicht am Steuer ihres Lebens sitzt.

Spieglein, Spieglein...

Ich erinnere mich, daß ich im Laufe meines Lebens oft meine Prinzipien meinen Wünschen angepaßt habe. So konnte ich meine Lust befriedigen, ohne daß mein Gewissen dadurch beunruhigt wurde. Ich paßte mein Denken so an, daß es mein Handeln rechtfertigte. Ich wählte Schriftstellen aus, die das belegten, was ich glauben wollte – ohne auf den Zusammenhang dieser Verse zu achten. Intellektuell war ich wohl ein Christ – aber in meinem Herzen war ich wahrhaftig ein Heuchler. Mit Hilfe des Selbstbetrugs konnte ich in den sündigen Vergnügungen beharren.

Vor einigen Jahren sollte ich eines Morgens in der Sanitätsstation des Verteidigungsministeriums General George D. Marshall einige Muttermale vom Rücken entfernen. Da ich der Leibarzt aller Stabschefs war und all die Prominenz behandelte, kam ich mir überaus wichtig vor – ich konnte mich gar nicht irren. Unglücklicherweise setzten drei Tage später an all den Stellen, wo ich die Muttermale entfernt hatte, Entzündungen ein. Als Hauptmann der Armee sah ich mich schon zum Mannschaftsdienstgrad degradiert und nach Übersee abkommandiert. Ich dachte mir: „Das muß man sich mal vorstellen – ein Arzt, der seine Patienten als Gefreiter behandelt."

Dann begann ich, mir Ausreden einfallen zu lassen, durch die ich mich für die aufgetretenen Infektionen rechtfertigen konnte. „Warum gibt man auch ausgerechnet mir solche chirurgische Aufgaben – ich bin schließlich Herzspezialist!" Dann versuchte ich, meine Prinzipien

Wie kann ich sicher sein?

dem Geschehen anzupassen, um meine Zwangslage wegzuerklären. „Jeder Patient", so versicherte ich mir, „würde es doch als eine Gefälligkeit betrachten, wenn ihn ein Spezialist wie ich außerhalb seines Fachgebiets behandelt; es kommt ja dem Patienten zugute. Schließlich habe ich so etwas schon so oft bei meinen anderen Generälen vorgenommen (deren einer später der Präsident der Vereinigten Staaten wurde)."

Glücklicherweise bedurfte es jedoch keiner Ausrede. Als Gentleman, der er immer war, zerstreute General Marshall mit zuvorkommender Freundlichkeit meine Verteidigungsanstrengungen. Er ließ mich wissen, daß ich noch immer sein Arzt war. Er lehrte mich eine andere Grundhaltung, als ich selbst vom Weg abgekommen war.

Im Buch des Propheten Jesaja lesen wir, daß es einen heiligen Weg gibt, und „kein Unreiner darf ihn betreten; nur sie werden auf ihm gehen; auch die Toren dürfen nicht darauf umherirren" (Jes. 35, 8). Gott sagt, wenn ich nicht auf dem Weg des Lebens bin – dem Weg, der zum ewigen Leben führt – dann bin ich ein Tor. Gott bezeichnet nur wenige Male in der Bibel Menschen als Toren. Wir sollten dort genau hinschauen. Wie können wir nun den Weg finden, der zum ewigen Leben führt? Billy Graham sagt:

„Der Weg Gottes wurde durch ein Kreuz erbaut. Das Alte Testament schaut voraus zum Kreuz, und das Neue Testament blickt auf das Kreuz zurück. Wir nennen den Tod, das Begräbnis und die Auferstehung Christi das Evangelium – die gute Botschaft, daß Gott diesen Weg bereitet hat. Er hat eine Straße bereitet. Er hat einen

Ausweg aus dieser verzweifelten Lage bereitet. Aber es reicht nicht, wenn du Jesus Christus als Herrn und Heiland anerkennst; du mußt auch bereit sein, deine Sünden zu bekennen und dich von deinen Sünden abzuwenden. Denn die Liebe Christi läßt uns keine Wahl, wenn wir einmal zu dem Schluß kommen, daß ein Mann für alle gestorben ist und der Tod für alle überwunden worden ist. Da uns die Liebe Gottes lenkt, und „da wir glauben, daß Christus für uns alle gestorben ist, sollten wir auch glauben, daß wir dem alten Leben, das wir früher lebten, abgestorben sind. Er starb für alle, so daß alle, die leben – die von ihm das ewige Leben empfangen haben – nicht mehr für sich selbst leben, um sich selbst zu gefallen, sondern Christi zu Gefallen leben, der für sie gestorben und auferstanden ist."*

Wie kann ich sicher sein?

Wissen Sie, welches Schicksal Ihre Seele erfährt, wenn Sie sich im Tod von ihrem Körper löst? Möchten Sie ewig leben? Gott sagt, daß wir alle ewig leben werden, aber daß nur einige bei ihm wohnen werden. Sie können dem ewigen Verhängnis entgehen, indem Sie Gottes Sohn, Jesus Christus, zum Herrn ihres Lebens und Heiland Ihrer Seele machen. Das ist die Gute Nachricht.

Gott hat Sie so sehr geliebt, daß er seinen einzigen Sohn, Jesus Christus, sandte, damit Sie Gott in menschlicher

---

* Billy Graham: „Highway to Holiness", Decision, Sept. 1977

Wie kann ich sicher sein?

Gestalt kennenlernen können; damit Sie erkennen können, daß die Bibel heilig und wahrhaftig ist, und damit Sie ewiges Leben empfangen können. Da Gott heilig ist – so sagt uns die Bibel – kann er uns nicht in unserem gegenwärtigen, unheiligen Zustand annehmen. Wir alle haben gegen ihn gesündigt, da wir ihn nicht als unseren Schöpfer und Herrn anerkannt haben.

Aber Gott hat einen einzigartigen Ausweg geschaffen. Er lehrt seine Auserwählten, wie ernst die Sünde ist, und verlangt von ihnen Sühne – das blutige Opfer des Vollkommenen anstelle des Unvollkommenen. Im Alten Testament lernten die Juden dieses Konzept durch das Opfern von Tieren. Zu der Zeit, die Gott festgelegt hatte, brachte dann Gott selbst das vollkommene und endgültige Opfer. Er ließ seinen eigenen Sohn das blutende Opfer sein – stellvertretend für uns. Das ist der Kern der neutestamentlichen Botschaft und genau das, was das Alte Testament verheißen hatte.

Wir müssen allerdings das Blut Jesu Christi in Anspruch nehmen, um Errettung und das ewige Leben mit ihm zu erlangen. Das ist das Geschenk, das denen zuteil wird, die es annehmen wollen. Auch müssen wir Gott gehorsam sein. Durch den Heiligen Geist, der in uns wohnt, und durch sein geschriebenes Wort sagt er uns, was wir tun sollen.

Die Schrift sagt uns, daß wir mit Christus Miterben aller Dinge werden und daß wir uns mit ihm geistlich verständigen können. Petrus erinnert uns zusammenfassend an unser Erbe und unsere Lebensziele:

"Ihr aber seid ein auserwähltes Geschlecht, eine königliche Priesterschaft, ein heiliger Stamm, ein Volk, das sein besonderes Eigentum wurde, damit ihr die großen Taten dessen verkündet, der euch aus der Finsternis in sein wunderbares Licht gerufen hat. Einst wart ihr nicht sein Volk, jetzt aber seid ihr Gottes Volk; einst gab es für euch kein Erbarmen, jetzt aber habt ihr Erbarmen gefunden.

Liebe Brüder, da ihr Fremde und Gäste seid in dieser Welt, ermahne ich euch: Gebt den irdischen Begierden nicht nach, die gegen die Seele kämpfen" (1. Petr. 2, 9–11; Einheitsübersetzung).

Sollten wir Gott nicht jetzt anerkennen, wenn es zu unserem Besten ist, anstatt später, wenn es zu spät sein wird? Sehen Sie – jeder von uns wird ihn einmal anerkennen: „So wahr ich lebe, spricht der Herr, mir sollen sich alle Knie beugen, und alle Zungen sollen Gott bekennen. So wird nun ein jeglicher für sich selbst Gott Rechenschaft geben" (Römer 14, 11.12). Was jetzt gute Botschaft ist, wird später einmal schlechte Nachricht sein, und was jetzt ein großer Gewinn ist, wird später einmal ein Verhängnis sein – nämlich dann, wenn wir nicht mehr die Freiheit der Entscheidung haben.

In Amerika erleben wir zur Zeit eine besondere Gleichgültigkeit und einen moralischen Abstieg – ganz ähnlich der Situation, die zum Abstieg und Fall des Römischen Reiches geführt hat. Obwohl unsere amerikanische Demokratie nur ein Fünftel der Zeit existiert, während der die tausendjährige Herrschaft Roms andauerte, treten gerade die fünf Merkmale, die Edward Gibbon als Ursachen für

Wie kann ich sicher sein?

den Fall des Römischen Reiches darlegte, heute in den USA in bedrohlicher Weise hervor: 1) Schwelgerischer Überfluß und Luxus; 2) der riesige Unterschied zwischen den ganz Reichen und den ganz Armen, der leicht zum Bürgerkrieg führen kann; 3) Sexbesessenheit bis zum Ausmaß extremer Perversion; 4) Verlust der Originalität und Kreativität im Privatleben und in der Kunst; 5) das Entstehen eines Wohlfahrtsstaates, der das Geld und die Macht seiner Regierungsstellung verschwenderisch einsetzt.

Während sich die Amerikaner an ihrem Überfluß erfreuen, haben acht Millionen Menschen auf der Welt Ernährungsprobleme. Ein Sechstel der Weltbevölkerung konsumiert die Güter der Erde, während die Armen verhungern. Diese Ungerechtigkeit schafft eine revolutionäre Klasse in Südamerika, Indien und Afrika. Obwohl von den unter Vierzehnjährigen fünfzig Prozent an Unterernährung sterben, schreitet die phantastische Bevölkerungsexplosion fort. Bildung, kulturelle Gewohnheiten und Unverantwortlichkeit trennen auch weiterhin die Besitzenden von den Besitzlosen. Weder Geld noch Revolution allein können an dieser Situation etwas ändern.

Die moralische und ethische Rebellion breitet sich aus. Man registriert 1,3 Millionen Menschen, die zusammenleben, ohne verheiratet zu sein. Unsere Medien, wie Kino und Fernsehen, bieten eine ständig steigende Anzahl von Filmen mit sexueller Perversion an und scheinen jetzt sogar Filme zuzulassen, die das Leben Jesu Christi entweihend darstellen. Viele Geistliche der großen Kirchen weichen in unserem Staat von den biblischen Lehren ab und leisten damit größerem Abfall Vorschub.

Das Motto der Straße scheint zu sein: „Wenn es jeder tut, kann es ja nicht so schlimm sein." Satan, der große Betrüger, erscheint in so vielen Lebensbereichen als falscher Lichtschein oder als der Prophet des neuen Lebensstils, der viele in die Irre führt. Wir sollten aber daran denken, daß Gott im letzten Kapitel den Sieg behält!

Sind Sie das, was ich auch war – ein Christ, wenn's gerade paßt? Jahrelang war ich nur dann Christ, wenn es mir zum Vorteil gereichte. Es störte mich auch nicht, daß ich selbstzufrieden und religiösen Dingen gegenüber gleichgültig wurde. Ich wurde wirklich „Teilzeitchrist". Die Mehrheit der christlichen Kirchgänger erscheint mir heute so, wie ich damals war. Das heißt: sie wissen alles über Jesus, aber sie kennen ihn nicht persönlich.

Die große Frage

Eine Krankenschwester fragte mich einmal nach einem meiner Vorträge über Wiederbelebung, was ich denn von einem Kurs mit dem Titel „Wie man (richtig) stirbt" halten würde. Er sollte den Kursteilnehmern dazu verhelfen, dem eigenen Tod tapfer und gleichmütig ins Auge zu schauen. Sie selbst versuchte, den kurz zuvor eingetretenen Tod ihrer jüngeren Schwester zu verwinden und festzustellen, welche Bedeutung er für ihr eigenes Leben haben könnte.

Wie kann ich sicher sein?

Damals fiel mir keine Antwort ein. Aber die Antwort ist eigentlich recht einfach und bewährt sich immer: Wenn man Gott an die erste Stelle in seinem Leben setzt, braucht man keine Angst vor dem Tod zu haben. Dann braucht man auch an keinem Kurs teilzunehmen. Jesus hat schon jetzt für Sie den Tod überwunden. Durch den Tod gelangen Sie lediglich in ein anderes Leben. Der Tod des eigentlichen Ich, der wirklichen Person, tritt niemals ein. Man räumt nur seinen Körper bis zur Auferstehung. Wenn man sein Leben auf Jesus Christus setzt, kann man nicht verlieren. Dann hat man gewonnen, egal, ob der Körper stirbt oder am Leben bleibt. Man sollte nicht leichtfertig mit seinen eigenen Vorstellungen spielen, denn wir sind nicht in der Lage, über unseren Horizont hinauszublicken.

Bei den Ärztegruppen, zu denen ich gesprochen habe, fragte ich nach der Meinung zu zwei Fragen (jeder betrachtet sich ja als eine Autorität zum Thema „Leben nach dem Tod"; wenigstens hat jeder seine eigene Antwort darauf): Erstens: Gibt es ein Leben nach dem Tod? Zweitens: Gibt es einen Gott? Mit wenigen Ausnahmen beantworteten zwei Drittel beide Fragen mit ja, ein Drittel mit nein. Gelegentlich beantwortet auch jemand eine Frage mit ja und die andere mit nein.

In ähnlicher Weise stellte ich auch Umfragen in Kirchenkreisen an. Jeder wurde gebeten, aufzuschreiben, was er für eine gute Definition eines „Christen" halte. Die Mehrheit der Definitionen auf diesen Fragebögen befaßte sich mit dem Charakter des erdachten Christen – mit seiner Familie, Treue, Verläßlichkeit und Güte. Nur vierzig Prozent definierten einen Christen als Menschen, der Christus nachfolgt oder an ihn glaubt.

„Gut" zu sein ist sicher etwas Schönes, aber dadurch wird niemand Christ, und es sichert auch niemandem ewiges Leben. Paulus schrieb: „Denn aus Gnade seid ihr gerettet worden durch den Glauben, und das nicht aus euch. Gottes Gabe ist es, nicht aus den Werken, auf daß sich nicht jemand rühme" (Eph. 2, 8.9). Und Jesus sagte: „Niemand kommt zum Vater außer durch mich" (Joh. 14, 6; Einheitsübersetzung). Erstaunlicherweise zeigte die Umfrage, daß viele Kirchenmitglieder mit den Erfordernissen, die Jesus an das Christsein knüpfte, nicht vertraut sind!

Das Wahre

Jesus an die erste Stelle in meinem Leben zu setzen, war etwas, was ich nie getan hatte, obwohl ich mein ganzes Leben zur Kirche gegangen bin. Ich betrachtete die Kirche als eine gesellschaftliche Einrichtung. Ich zog meinen besten Sonntagsanzug an und hoffte, man würde nicht herausfinden, wie schmutzig ich für den Rest der Woche war. Unter der Maske religiöser Heuchelei versuchte ich, meine wahre Natur zur verbergen. Die meisten hielten mich für einen gelehrten Menschen, aber was christliche Wahrheit betraf, war ich völlig unwissend. Ich lehrte eine Weile in der Sonntagsschule, aber das war, wie wenn ein Blinder Blinde leitet, denn ich war keine neue Kreatur in

Wie kann ich sicher sein?

Christus. Ich war der gleiche alte Mensch. Mein Leben war immer fruchtlos geblieben, wie der fruchtlose Feigenbaum, der abgehauen werden sollte.

Können Sie sagen, daß Sie nicht so sind? Können Sie ehrlich sagen, daß Sie, seit Sie Christ sind, Ihren Bund mit Gott noch nie gebrochen haben? Glauben Sie das nicht! Wir alle machen Fehler. „Wenn wir sagen, wir haben keine Sünde, so verführen wir uns selbst, und die Wahrheit ist nicht in uns" (1. Joh. 1, 8). Wissentlich oder unwissentlich habe ich im Fleisch oder im Sinn noch immer die Tendenz, zu lügen, zu betrügen, zu stehlen, zu gelüsten, zu begehren und Ehebruch zu begehen. Die Bibel sagt uns, daß wir durch das Wissen um die Gebote Gottes nicht einfach dem Zugriff der Sünde entzogen werden. Aber durch Christus allein sind wir gerettet, und er gibt uns die Kraft, den Willen Gottes zu tun (Römer 8, 3).

Sie und ich müssen unsere Hingabe täglich erneuern. Jetzt habe ich in Christus die Kraft, das willentliche und wissentliche Sündigen zu vermeiden; und sobald ich meine Sünde erkenne, kann ich sie bekennen und davon Abstand nehmen. Die Bibel sagt: „Wenn wir aber unsere Sünden bekennen, so ist er treu und gerecht, daß er uns die Sünden vergibt und reinigt uns von aller Untugend" (1. Joh. 1, 9).

Jeden Morgen nehme ich den Kampf gegen Satan von neuem auf und versuche, die ganze Waffenrüstung Gottes anzulegen, denn in meiner eigenen Kraft kann ich nicht siegen. Ich sage: „Herr, du weißt, wer ich bin – ich brauche deine Hilfe und deine Vergebung."

Die Gedanken des Fleisches widerstreben noch immer meinem ernsthaften Verlangen. Der geistliche Konflikt kann in Form alter Angewohnheiten auftreten, in Form von Gelüsten, Habgier, Mutlosigkeit oder sogar Haß. Manchmal ist es ein harter Kampf. Aber ich komme viel besser voran, wenn ich jeden Tag neu Gott weihe. Das mache ich morgens als erstes. Ich sage: „Gott, dieser Tag gehört dir. Ich übergebe ihn dir. Zeige mir, was ich tun soll. Hier bin ich; ich möchte zur Verfügung stehen." Gewöhnlich gibt es dann an diesem Tag etwas für mich zu tun – vielleicht kann ich mit jemandem eine Verbindung knüpfen, vielleicht jemand Unsicherem Mut machen oder einem Kranken im Namen Jesu Trost spenden.

Wenn Ihnen dieses Buch etwas sagen konnte und Sie merken, daß Sie ihr Leben nun zum ersten Mal Jesus übergeben sollten, so können Sie das jetzt tun, indem Sie sich vor Gott neigen und bitten:

„Herr Jesus, ich öffne die Tür meines Lebens und nehme dich als meinen Herrn und Heiland an. Ich glaube daran, daß du der Sohn Gottes bist, und daß du für meine Sünden gestorben bist. Ich stimme dir zu, daß ich ein Sünder bin und Vergebung brauche. Danke, daß du mir meine Sünden vergibst. Danke für das Wissen um das Leben nach dem Tod. Danke, daß du mich wissen läßt, wie wichtig ich dir bin. Übernimm das Ruder in meinem Leben, und mache mich zu einem solchen Menschen, wie du ihn haben willst. Ich übergebe dir mein weiteres Leben. Amen."

Wenn Sie dieses Gebet mit aufrichtigem Herzen gebetet haben, dann sollte es Sie trösten, zu wissen, daß Gott Ihre

Wie kann ich sicher sein

Sünden gerade jetzt vergeben hat; und die Schrift sagt, daß er Sie nie verlassen wird. Verlassen auch Sie ihn nicht!

Wenn Sie schon ein Christ sind, aber in Ihrem Glauben lau geworden sind, dann bitten Sie doch Gott, daß er Sie mit dem Heiligen Geist erfülle. Wenn Sie mit dem Heiligen Geist erfüllt sind, können Sie in ganz persönlicher Verbundenheit mit Jesus Christus durch das Leben gehen; Sie können überall und zu jeder Zeit mit ihm sprechen, so wie es die Propheten taten.

Diese Lebensübergabe ist das Bedeutendste, das Sie je getan haben. Könnte es überhaupt einen besseren Weg geben, um eine sichere Zukunft für Ihr Leben zu erreichen?

Erinnern Sie sich an den sterbenden Patienten, der in der Hölle war? Vielleicht sind Sie es eines Tages, den der Arzt versucht wiederzubeleben. Wenn Sie aber den Herrn Jesus angenommen haben, wissen Sie, wo Sie das jenseitige Leben hinführt. Dieses neue Leben ist immun gegen den Tod. Wer an Jesus glaubt, kann weder im Diesseits noch im Jenseits verlieren. Als Christ sind Sie sicher und können sicher sterben.